JN091757

y-knot

国際社会学・超入門

移民問題から考える社会学

樽本英樹　著

Kakeru

有斐閣

デザイン　高野美緒子

▷ 国際社会学って何だろう？

　本書では国際社会学という学問を読者のみなさんに紹介したいと思います。国際社会学とはどのような学問なのでしょうか。どこにその魅力があるのでしょうか。

　一言で言うと国際社会学は，グローバル化とその社会への影響を探究する学問領域のことです。ですから，国際社会学は，国境を越えたり超えたりするモノたちと，そこから生じる社会問題を対象としています。

　大学の授業であれば，次の問いから講義を始めています。「さあ，何が国境を越える（超える）でしょう？」あなたなら何を挙げるでしょうか。

　これまで，学生たちがくれた答えは多彩でした。一人暮らしの学生は，スーパーマーケットの中国産野菜が気になるようです。音楽好きの学生はヘビーメタルの輸入盤 CD を挙げますし，おしゃれ好きな女子学生はプラダのバックと言います。スポーツ好きの学生が「セギノール」と答えたときには風邪薬の名前かと思いましたが，どうやら楽天など日本のプロ野球チームでプレーしていた野球選手のことでした。もちろん，人も国境を越えるわけです。留学を希望する学生は，インターネット経由でイギリスの BBC ニュースやアメリカの CNN ニュースを見て英語の勉強をしていました。また映

画好きならハリウッドの映画を挙げますし，韓国のドラマにはまっている学生もいました。情報や文化がどんどん行き交う時代にわれわれは生きているのです。

　学生が気づきにくい例を挙げ，学生の「当たり前」をこわす。これが講義をする側の楽しみですし，社会学の醍醐味の1つでもあります。国境を越えるモノに関して，今までは身近で意外な例をいくつか示すことができました。まずは日本のマンガやアニメです。『ドラえもん』が東南アジアで人気なのは比較的知られていることでしょう。しかし「私のイタリア人の友人が『キャプテン翼』のファンだ」と言うと，学生は「ほぅ」と意外そうな顔をします。『キャプテン翼』を読んでサッカーを始めたフランスのプロサッカー選手がいるとも聞きますが，学生にはあまり知られていないようです。

　環境汚染も国境を越えていきます。隣国で黄砂が降ると日本にもやってきます。複数の国を貫いて流れている川では，上流の国で環境汚染が起きると簡単に下流の国へと流れていってしまいます。2017年に日本で発見された意外なモノは，ヒアリでした。ヒアリはアリの一種で毒を持ち，刺すと人間に大きな健康被害を与えかねません。主に船で輸入される木材などに付着して，海外から移動してくるのです。

　ほかにも，ここ何年かで急激に注目されているのは感染症です。かつては「病気も国境を越えますね」と言うと，学生は「そうか，気がつかなかった」とうなずいたものでした。ところが，最近は意外そうな顔をしません。新型インフルエンザや鳥インフルエンザの流行も記憶に新しいものですが，なんといっても新型コロナウイルス（COVID–19）のせいです。2019年の年末から，世界中に広まりいわゆるパンデミックを起こした新型コロナウイルスは，感染症が

国境を越えて移動することをまざまざと見せつけました。

　けれども，よく考えると感染症自体が移動するわけではありません。感染した人や動物が移動し，他の人や動物と接触して感染を広げていくのです。けれども，極小で姿が見えないだけに，まるで病気が意志を持って動いているようにも思えてしまいます。

　いまや，感染症の移動のほうが自動車や電化製品が海を渡ることよりも身近になってしまったようにすら思えます。とすると，大事な講義のネタの1つが，賞味期限切れになってしまったのでしょうか。

　いや，そうとも言い切れません。感染症は，人々の別の「当たり前」をこわしてしまいます。それは，国境の人為性です。どんなに強固に見えても，たまたま山や川や海など自然物で区切られていようとも，国境はしょせん人間がつくったものです。人間の活動とは無関係だと思われがちな国境を，感染症はやすやすと越えて各国へと広まっていくわけです。国境は，人間の存在以前からそこにあるわけではないのです。

　そこで講義は2つめの問いへと向かいます。「さあ，どのようにして国境はつくられたのでしょうか？」たとえば，このように講義が展開すれば，みなさんにとって国際社会学がもっと身近になり，グローバル化をよりよく理解できるようになることでしょう。

▷ 「思い込み」を乗り越えよう

　このように，いろいろなモノが移動する時代にわれわれは生きています。国境はかなり低くなっているといってよいでしょう。すなわち，いろいろなモノが，国境を「越える」ことによって，国境を「超えた」社会や人間関係や制度ができあがってきているのです。

この，モノが国境を「越える」ことが頻繁に起こり，常に複数の社会がつながっているような国境を「超える」ことこそ，このグローバル化時代の特徴なのだといえます。

　本書は，私たちの生活世界によりそった国際社会学の「超入門書」をめざしています。従来の国際社会学の本には敷居を高くしている理由がありそうです。それは国際社会学の解説書が，普通の人々の素朴な「思いこみ」や「神話」との関連をあまり意識していないことです。たとえばそうした「思いこみ」には，「日本は小さな島国なのに国際移民が多すぎる」というものがあります。たしかに他国と比べると「小さく」そして「島国」かもしれないけれども，「国際移民が多すぎる」かどうかどのように判断できるのでしょうか。また，「この国は単一民族の国である」という「神話」もあります。しかし，各国の人口構成のデータを見ると，単一民族の国など皆無ではないでしょうか。さらに，外国人が増えると犯罪が増えるという「神話」も繰り返し語られています。

　そこで，本書は人々の「思いこみ」や「神話」を念頭に置きつつ読者に馴染みのありそうなテーマを取り上げ，国際社会学を学ぶ工夫をしてみました。すなわち，「旅」「出会い」「食と文化」「難民危機」「移民受け入れ」「重国籍」「恋」「領土問題」「ポピュラーカルチャー」といったテーマを通じて，国際社会学の世界に読者を誘おうという工夫です。国際社会学を楽しく学び，グローバル化のなかで，よりよく生きるための戦略的基盤をつくることにしましょう。

✐✐✐ ウェブサポートページ ✐✐✐

　学習をサポートする資料を提供しています。下記の QR コードからご参照ください。

https://www.yuhikaku.co.jp/yuhikaku_pr/y-knot/list/20007p/

著者紹介

樽本 英樹 (たるもと ひでき)

　早稲田大学文学学術院教授。愛知県名古屋市生まれ。1999年東京大学大学院人文社会系研究科博士課程修了。博士（社会学）。北海道大学大学院文学研究科教授を経て，2018年より現職。

　著書に『よくわかる国際社会学［第2版］』(2016年，ミネルヴァ書房)，『国際移民と市民権ガバナンス――日英比較の国際社会学』(2012年，ミネルヴァ書房)，編著書に，『排外主義の国際比較――先進諸国における外国人移民の実態』(2018年，ミネルヴァ書房)，『現代人の国際社会学・入門――トランスナショナリズムという視点』(西原和久との共編著，2016年，有斐閣)，執筆論文に "La transformation en pays d'immigration dans le contexte urbain? Le cas du Japon" (Fiorenza Gamba et al. (dir.), *Ville et créativité*, Seismo, 2023), "Immigrant Acceptance in an Ethnic Country: The Foreign Labor Policies of Japan" (John Stone et al. (eds.), *The Wiley Blackwell Companion to Race, Ethnicity, and Nationalism*, John Wiley & Sons, 2020) などがある。

/// 読者へのメッセージ ///

　国際社会学と聞いて，難しそうだと思いますか。私が1990年代初めに勉強し始めた頃は，教科書など存在せず，難しくて苦労しました。でも21世紀に学ぶ読者のみなさんは大丈夫。本書があります。「旅」や「出会い」や「恋」など親しみやすいトピックから入り，ちょっと応用的な内容までみなさんを丁寧に導きます。「国際」にあこがれながらも英語などまったく話せなかった私が理解できたのです。みなさんなら，きっと国際社会学のおもしろさに開眼することでしょう。

目　次

第 I 部　基礎編

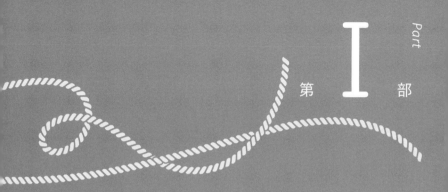

第 I 部

基礎編

Chapter

国際移民とは「旅」である

Quiz クイズ

Q1.1 あなたは国境を越えたことがありますか？　何回ぐらい？　どこへ行きましたか？（例：日本からアメリカへ行って帰ってくると，2回ですね）

Q1.2 通常，社会学の分析単位は「行為」だといわれています。行為のうち，ある人がそれ自体やりたくてたまらなくて行っているもののことを何というでしょう。
a. 手段的行為　**b.** 即自的行為　**c.** 不法行為　**d.** 挑発的行為

Q1.3 現在，パスポートは国境を越えるために必須の持ち物です。パスポートが世界中に広まり始めたのは，いつ頃でしょうか。
a. アフリカからの奴隷貿易が本格化した 17 世紀後半　**b.** ヨーロッパで鉄道網が発達した 19 世紀半ば頃　**c.** 第一次世界大戦頃　**d.** 第二次世界大戦頃

Q1.4 1980 年代後半，国境を越える人の移動が以前にも増して盛んになりました。そのきっかけとなった出来事はなんでしょう。
a. 蒸気客船による海の旅が発展した　**b.** 先進諸国間で，「プラザ合意」が結ばれた　**c.** 2 度にわたる「石油危機」で，各国が出入国管理を緩やかにした　**d.** 東欧諸国など 10 カ国がヨーロッパ連合（EU）に加盟した

Answer クイズの答え

A1.1 みなさん，何回だったでしょう。ちなみに本書の担当編集者は，おそらく 20 回くらいとのことで，シドニーやニューヨーク，シンガポールへ行ったことがあるそうです。まだ国境を越えた経験のない方も，あせる必要はありません。これから海外を訪れる機会がいろいろやってくることでしょう。

A1.2　b. 即自的行為

本文でも説明しますが，即自的行為とは，人間の行うさまざまなことのうち，そのこと自体を目的として行われているものです。一方，対の概念として社会学で用いられているのが，手段的行為です。たとえば，休日にレジャーに出かけることのほとんどは即自的行為でしょうし，通勤電車に乗って仕事に出かけることは手段的行為でしょう。ただし，両者の区別は文脈に依存する相対的なもので，見方によって変わります。

A1.3　c. 第一次世界大戦頃

19 世紀はじめまでにはヨーロッパ各国に広まっていたパスポートによる渡航規制は，19 世紀半ばに鉄道網が発達し，人々の移動が増えるといったん緩和されます。しかし，第一次世界大戦が勃発すると，兵役義務のある国民の出国を制限し，外国人の移動を管理するため，パスポートが世界に広まっていきました。国民国家の観念が広まり始めたことも，同時に起こった現象です（陳ほか編 2016: 166-71; Torpey 2000＝2008）。

A1.4　b. 先進諸国間で，「プラザ合意」が結ばれた

1985 年 9 月に先進 5 カ国（G5）蔵相・中央銀行総裁会議が開かれ，アメリカドル高を是正するため，為替レートの安定化に関して各国が合意しました。この結果，円高・ドル安が実現するなど，海外渡航の際の支払いに便利なアメリカドルが入手しやすくなり，海外渡航に関わる支払いが容易なったのです。
　ちなみに，a. 蒸気客船による海の旅は 1950 年代にはすでに発達しており，80 年代に発展したのはジェット旅客機による空の旅でした。c.「石油危機」が起こったのは 70 年代で，各国は出入国管理を厳しくしました。d. 東欧諸国など 10 カ国が EU に加盟したのは，2004 年のことです。

Chapter structure 本章の構成

国際移民という「旅」 ＞ 社会の変容と「交流」 ＞ 国際移民への対処（国境管理 国境内への施策） ＞ 国際移民という「旅」と「交流」のこれから

▷ **自由な「旅」と社会秩序**

「**旅**」，とくに海外旅行は，人をワクワクさせます。他国の文化に触れ，本場の料理を楽しみ，見知らぬ人々と出会う。飛行機の狭い座席で長時間耐えなくてはならないとしても，旅先での楽しさには代えられません。

その昔，日本からはほんの少数の人々しか海外へ出かけられませんでした。たとえば長らく1ドル＝360円の時代があり，外貨の持ち出しが制限されていました。国境を越える「旅」が今日のように盛んになったのは，1980年代後半のことです。大学生が卒業旅行と称してヨーロッパなどを1ヵ月程度旅行することが流行りました。ベルリンの壁が崩壊し東西冷戦が終結したのも，同じ時期のことです。

それ以降，国境を越える「旅」が急増していきます。世界中で移動が盛んになりました。観光客だけではありません。労働を目的とした人々や戦争に巻き込まれたような**難民**も国境を越えていきました。なかには，観光ビザしか持たず非合法で働く人々もいました。観光のように何日か滞在して帰国するのではなく，移動先の社会で長期間滞在したり定住する人々も増えてきました。このような現象を「国際移民のグローバル化」と呼びます。

もちろん，さまざまな文化を持った人々が集う多文化社会には，少なからぬメリットがあります。エスニック・レストランの料理やエスニックな雑貨店の小物は魅力的です。他国の人々と直接ふれあうだけで異文化経験を味わえます。

　しかし同時に，国境を越える人々の増加は，さまざまな問題を社会にもたらします。習慣の違う人々が地域社会に居住し始めると，ゴミ出しなど社会生活のルールを整えなくてはならなくなります。収入の少ない不安定な仕事に特定の国の出身者が集中し，貧困層ができてしまうこともあります。極端な例として「暴動」と呼ばれるような騒ぎが，欧米諸国などではときおり起きています。

　個人の「旅」をする自由は尊重されるべきです。しかし同時に，国際移動を制限するなどして社会秩序を守ることも必要に見えてきます。自由に「旅」することと社会秩序を守ること。これら2つをどのように両立させたらよいのでしょうか。

1　国際移民という「旅」

▷　「旅」の構造

　ほとんどの人が，「旅」と聞くと楽しいものを思い浮かべるのではないでしょうか。巷の書店には，「旅」を特集した雑誌や「旅」のガイドブックがあふれんばかりに並んでいます。テレビをつけると「旅」に関する番組がよく放送されています。聞くところによると，旅番組は低予算でつくれ，かつ視聴率がとれるそうで，視聴者にとってだけでなくつくり手にとっても魅力的なのでしょう。しかしすべての「旅」が楽しいものでしょうか。映画やテレビドラマな

どで，かつて「さすらいの旅」という表現がよく使われていました。「さすらい」という言葉の持つもの悲しさから察するに，どうも「旅」は楽しいものだけではないみたいです。

ここで社会学の言葉を紹介しておきましょう。その言葉とは「**即自的（コンサマトリーな）行為**」と「**手段的（インストゥルメンタルな）行為**」です。即自的行為とは，人間が行うことのうち，何かをすることそれ自体が目的となっているもののことで，自己充足的行為ともいわれます。たとえば，勉強が好きで好きでたまらない学生がいるとしましょう。その学生が勉強しているとき，勉強という行為は即自的行為といえます。別の言葉を使うと，「**内発的動機**」に基づいた行為ともいえるでしょう。

しかし，これまでの学生生活を振り返ると，仕方なくいやいや勉強していたことを思い出す人のほうが多いのではないでしょうか。その場合には，勉強することは手段的行為になっていると表現します。たとえば，ある学生が卒業単位を落としそうなため必死で勉強しているとき，その勉強という行為は卒業という目的の手段となっています。このように，何かの目的を達成するために行われる行為を手段的行為と呼びます。

現実社会における私たちの行為は，どちらかといえば即自的だ，どちらかといえば手段的だというように，どちらか一方だけに決められないことも多いでしょう。しかし，マックス・ウェーバーのいう「**理想型（理念型）**」の考えから，あえて純粋なモデルとして即自的行為と手段的行為に分けてみると，見えてくることがあります。「旅」も行為のうちの1つで，即自的なものと手段的なものに分けることができそうです。そこで，「旅」自体が目的だという場合と，「旅」は何かのための手段だという場合に分けてみましょう。

表1.1 4種類の「旅」

	国境内	国境外
即自的	(1) 国内観光旅行	(2) 海外観光旅行・ライフスタイル移民
手段的	(3) 出張・単身赴任	(4) 国際移民・留学

　加えて，もう1つの区別を導入しておきましょう。現代はグローバルな時代だとよくいわれます。以前よりも国境を越えることがとても容易な時代です。「旅」を国境内で行き来するものと，国境外まで足を伸ばすものに分けてみましょう。このように「即自的」か「手段的」かを区別し，さらに「国境内」か「国境外」かを区別すると，「旅」は4種類に分けられることがわかります。

　表1.1 を見てみましょう。(1) は，それ自体を目的とする即自的な「旅」で，国境の内側を行き来するものです。その典型は「国内観光旅行」でしょう。(2) は，同じく即自的な「旅」ですが，国境の外側，すなわち海外を訪れる場合なので，多くの場合は「海外観光旅行」となるでしょう。旅や滞在自体を楽しもうと海外へ渡る「ライフスタイル移民」もここに位置づけてよいでしょう。(1) も (2) も，即自的という性格を持つので，他の何かの目的を達成するかどうかにこだわらずに済むという意味で，楽しい「旅」になると期待できます。

　一方，(3) と (4) は，何か目的のための手段となっている「旅」です。そのうち (3) は，国内の「旅」であり，たとえば仕事という目的のための出張や単身赴任が思い浮かぶのではないでしょうか。もちろん，近親の高齢者の介護や看護のための「旅」も思い浮かべることができるでしょうし，冠婚葬祭のための「旅」も付け加えることができるでしょう。(4) の国境を越える手段的な

「旅」にも，(3)の「旅」と同じようなイメージを感じることと思います。すなわち「旅」自体は手段なので，目的を達成するため「仕方なく」旅をするというイメージです。

　実は，この (4) の国境を越える手段的な「旅」の多くが「**国際移民**」です。外国語取得や異文化理解など，学業を目的とした留学もここに含めておきましょう。1980年代以降は「国際移民の時代」といわれるほど世界中でこのタイプの「旅」が盛んになっています。そして，人々の国境を越える「旅」がさまざまな「交流」をもたらす一方，その「交流」が現代的・世界的な問題を生み出しているのです。

▷ **第二次世界大戦以前の国際移民**

　国境を越える「旅」をする国際移民とは，どのような人々なのでしょうか。どのような目的のために「旅」をしようとしているのでしょうか。第二次世界大戦前にさかのぼると，主な国際移民には奴隷労働移民，半強制契約労働移民，入植移民が存在しました。

　奴隷労働移民（slave labour migrant）とは，強制的に国境を越える「旅」をさせられ，移動した先で労働を強制された人々のことです。典型的な例としては，三角貿易の流れに乗ってアフリカからカリブ諸島へと渡り，単一作物を栽培するためのプランテーション農業に従事した人々がいました。

　半強制契約労働移民（indentured labour migrant）は，労働への従事を強いられた点で奴隷労働移民に似ていますが，その拘束される期間は契約で決まっており，契約期間が終了すると解放された人々です。たとえば，インドから多くの人々が半強制契約労働移民として南アフリカへ渡り，いまではその末裔が南アフリカ共和国で白人

系，アフリカ系に次いで大きい第3の集団を形成しているのです。

　最後に，入植移民（migrant to a colony）と呼ばれる人々がいました。自らの意志で植民地へと移動して開拓し，農業などに従事した人々のことです。本国での宗教的迫害から逃れるという理由を併せ持っている場合もありました。1620年にイギリスから現在のアメリカへと移り住んだピルグリム・ファーザーズはその典型です。

▷ **第二次世界大戦以後の国際移民**

　次に第二次世界大戦後に目を転じてみると，旧植民地移民，永住移民，労働移民といった国際移民が現れたことがわかります。

　旧植民地移民（former colonial immigrant）とは，主に第二次大戦後に独立した旧植民地から旧宗主国へと移動した人々のことです。たとえばイギリスに関していえば，カリブ海諸国の島々や，インド亜大陸に属するインド，パキスタン，バングラデシュからイギリスへと移動した人々がいました。旧植民地移民の多くが旧宗主国であるイギリスに合法的に入国して居住でき，イギリスの市民権を取得できたのです。同じように，アルジェリア，モロッコ，チュニジアといった北アフリカのマグレブ三国からは，多くの移民が旧宗主国であるフランスへと移住していきました。

　永住移民（permanent immigrant）は新大陸（南北アメリカ大陸やオーストラリア大陸）諸国へと移動した人々が典型例で，第二次世界大戦前の入植移民とよく似ています。たとえば，ヨーロッパ諸国からオーストラリアやカナダへと移住した人々は，新大陸で新たな人生を切り開こうと渡っていったのです。

　労働移民（labour immigrant）は，受け入れ国で一時的に滞在し労働した後，出身国へ帰国すると想定されたので，「ゲストワーカー」

表 1.2　国際移民の多様化（1980 年代後半以降）

労働移民の特徴		目的・性格の変化	新たな移民
経済的	→	政治的	難　民
合法的	→	非合法的	非合法移民
単純労働	→	高度技能労働	高度技能移民
祖国と希薄	→	祖国への愛着	ディアスポラ
男　性	→	女　性	女性移民

（ドイツ語ではガストアルバイター）とも呼ばれていました。しかし実際には 1973 年に起きた石油危機以降，多くの労働移民は帰国せず受け入れ国で定住しました。現在もドイツに多くのトルコ系住民が住んでいるのはこの名残です。

　以上のように概観すると，石油危機の影響が広まった 1970 年代半ばまでの国際移民という「旅」の目的の一側面が見えてきます。それは「働くこと」です。それも多くの場合，低賃金の単純労働に従事するために「旅」をしたのでした。

▷ グローバル化する国際移民

　21 世紀になったいまでも，国際移民という「旅」の主要な目的は労働であることに変わりありません。しかし 1980 年代後半からは，労働だけが国際移民という「旅」の目的ではなくなり，その目的や性格は多様化していったのです。

　表 1.2 は，1980 年代以降どんな変化があったのか，それ以前，圧倒的に主流だった労働移民をもとにして示したものです。労働移民は，「経済的目的」を達成するために「合法的」に「単純労働」に従事し，その結果，徐々に「祖国との関係や愛着が希薄」となりました。また，労働移民の大半は「男性」でした。これら 5 つの

特徴がそれぞれ変化すると，80年代以降に顕著になった移民のプロフィールが現れてきます。

経済的目的ではなく「政治的目的」を追求するようになった移民として，「難民」が増加していきました。難民という観点での政治的目的とは，本国での政治的迫害から逃れ他国の庇護を受けることです。1970年代半ばまで労働移民の入国や滞在は，主に受け入れ国の法律に従ったものでした。この入国や滞在が法律で規制されるようになると，「非合法移民」が生み出されます。単純労働者ではなく高度技能を持った人々が国境を越える「旅」をすると，労働移民のなかで優遇される「高度技能移民」となる可能性が高くなります。他国への移動後も祖国との関係や祖国への愛着を持ち続ける移民は，「**ディアスポラ**」（diaspora）と呼ばれるようになりました。紀元前からユダヤ系のようなディアスポラが存在していたといわれますけれども，80年代以降に急増したのです。さらに，第二次世界大戦後しばらく急増した労働移民がほとんど男性だったのに対して，多くの「女性移民」が国境を越えるようになりました。

このように移民プロフィールは多様化していったのです。しかしそれだけではなく，国境を越える「旅」が現れる地域も多様化していきました。1980年代後半以降，アジアはきわめて活発な国際移民の舞台となり，アフリカ大陸内や南アメリカ大陸内でも移動が盛んになりました。中東諸国も新たな国際移民の受け入れ地域となり，かつ送り出し地域となりました。もちろん移民プロフィールと地域の多様化とともに，国際移民という「旅」をする人数も急増していきました。

▷ 国際移民という「旅」の変化

　なぜ国際移民という「旅」はこのように変わっていったのでしょうか。1980年代半ばをはさんで何があったのでしょうか。技術，経済，政治の3つの側面から考えていきましょう。

　まず，技術的には交通機関の発達が，国際移民という「旅」の基盤を整えました。とくに，ジェット機の開発と航空網の発達は，国際移民という「旅」を格段に容易なものにしたのです。

　次に，経済的には通貨が大きな影響を及ぼしました。日本を例として考えてみましょう。前で触れたように，1980年代半ばまで日本人にとって海外旅行は身近ではありませんでした。国際移民にとっても日本は魅力的な移民先ではありませんでした。なぜでしょうか。80年代半ばより前は「1ドル＝360円」の固定相場制のもと，日本人にとって旅行先で使う外貨を入手するには多額の日本円が必要でした。また，外国人にとっては日本で働いても母国のお金に換算すると目減りしてしまったのです。ところが，71年にアメリカのニクソン大統領が金とドルの交換停止を宣言し，73年頃までにさまざまな国が変動相場制に移行しました。さらに85年に先進諸国間でいわゆる「プラザ合意」がなされると，急激に円高が進みました。その結果，日本人は外貨を使って海外旅行へ行きやすくなり，同時に労働移民にとって日本は魅力的な目的地となったのです。このように，国際通貨の制度が変化したことによって，「旅」はより身近になると同時に，移民先の労働にメリットが生じるようになりました。

　最後に政治的には，ベルリンの壁の崩壊が世界全体の国際移民の流れに大きな影響を与えました。東西冷戦は少なくともヨーロッパにおいては終結し，多くの人々がそれまで閉ざされていた旧東側諸

国と旧西側諸国の間の国境を越えて「旅」をするようになりました。このヨーロッパにおける冷戦の終結と「旅」の活発化は，他の地域における人々の移動をも刺激し，国際移民をグローバルな現象にしたのです。

このような3つの側面における変化が，国際移民という「旅」を多様化し，そして活発化し，「**国際移民のグローバル化**」と呼ばれる社会変動を世界的に引き起こすことになったのです。

2 国際移民による社会の変容と「交流」

▷ **社会の変容**

国際移民という「旅」が増えると，どのようなことが起こるでしょうか。とくに社会にどのような影響が及ぼされるでしょうか。

写真 1.1 の上の写真を見てみましょう。一見ヨーロッパ風の街角です。中央の写真でそこに並ぶ店の様子を見てみましょう。店の名前などにアルファベットが使われていながらも，エキゾチックな雰囲気がします。とすると，いったいここはどこなのでしょうか。

下の写真を見てみましょう。向かって右の店の看板に「LONDON」とあります。そう，ここはイギリスのロンドンです。しかし，ヨーロッパ的には見えない雰囲気から推測できるように，ロンドン東部のイーストエンドに位置するバングラデシュ人街，ブリック・レーン (Brick Lane) です。歩いている女性たちは，頭にベールを被っていることからイスラム教徒だとわかるでしょう。イギリスは主にキリスト教の一派，イギリス国教会の国なのですが，いまでは多文化社会になっているのです。

このような多文化的な状況は，イギリスだけで見られるわけではありません。**表 1.3** を見ると，OECD 諸国の主な国々で 1980 年代から 2020 年代にかけて，外国人人口が軒並み増加していることがわかります。1983 年に外国人の割合が少なかった国々に着目すると，0.3% だったフィンランドは 2021 年には 5.0% となり，イタリアは 0.7% が 8.6% となっています。スペインに至っては，0.5% が 11.5% にまで増加しています。ロンドン

写真 1.1 ヨーロッパの街並み（ロンドンのブリック・レーン）

で見られるようなエキゾチックな街角が他国においても出現しているだろうと，数値の動きから推測できますね。

とはいえ，日本の外国人人口は他国と比べてまだまだ少ないことも見て取れます。2021 年時点でも全人口の約 2.3% しか占めていないからです。2022 年時点では約 2.5% です。とはいえ，外国人人口の国籍別構成を見ると，日本にも他国と同じようにさまざまな

表1.3 主要 OECD 諸国における外国人人口[*1]

国　名	1983	1989	1995	2011	2016	2021	2021(千人)
オーストリア	3.9	5.1	9.0	10.8	14.5	16.9	1531.1
ベルギー	9.0	8.9	9.0	10.6	11.7	12.8	1489.2
デンマーク	2.0	2.9	4.2	6.2	8.1	9.3	539.5
フィンランド	0.3	0.4	1.3	3.1	4.2	5.0	278.9
フランス	n.a.	6.3[*2]	n.a.	6.3	7.1	8.0	5226.0
ドイツ	7.4	7.7	8.8	8.4	11.1	13.6	11432.5
アイルランド	2.4	2.3	2.7	13.5	13.2	13.4	645.6
イタリア	0.7	0.9	1.7	6.5	8.3	8.6	5171.9
日　本	0.7	0.8	1.1	1.7	1.7	2.3	2887.1
ルクセンブルグ	26.3	27.9	33.4	42.5	46.5	47.2	299.4
オランダ	3.8	4.3	5.0	4.5	5.3	7.0	1203.0
ノルウェー	2.3	3.3	3.7	7.5	10.3	11.0	601.6
ポルトガル	n.a.	1.0	1.7	4.2	3.8	6.5	662.1
スペイン	0.5	0.6	1.2	11.3	9.5	11.5	5368.3
スウェーデン	4.8	5.3	5.2	6.7	8.0	8.9	905.3
スイス	14.4	15.6	18.9	21.8	23.8	24.7	2151.9
イギリス	3.1[*3]	3.2	3.4	7.5	9.0	9.2[*4]	6227.0[*4]

(注)　*1：全人口に対する割合（％）。帰化した人々および当該国の市民権を持っている者は除外。
　　　人口登録または外国人登録からのデータ。ただし、フランス（センサス）ポルトガル（居住許可）、
　　　アイルランドとイギリス（労働力調査）を除く。*2：1990年のデータ。*3：1985年のデータ。
　　　*4：2019年のデータ。
(出所)　OECD（1995, 1997, 2001, 2011, 2022)をもとに作成。

国の人々が来ているという印象を持つことでしょう。**表1.4** を見て
みましょう。日本に滞在する外国人を2022年の時点で国籍別に多
いほうから順に並べたものです。現在最も多いのは中国の人々で，
2007年に韓国および北朝鮮の国籍を持った人々を含む韓国・朝鮮
を抜き1位となりました。ブラジルが多いのは，日系人が来てい
るためです。**表1.4** には出てきませんが，同様の理由でペルーも多
くなっています。フィリピンは，かつては「興行」という在留資格

表1.4　日本おける在留外国人数（千人）

国　　名	1985	1990	1995	2000	2005	2010	2015	2022	2022(%)
中　国[*2]	74.9	150.3	223	335.6	519.6	688.4	655.8	716.6	24.8
ベトナム	4.1	6.2	9.1	16.9	28.9	41.4	147	489.3	15.9
韓国・朝鮮	683.3	687.9	666.4	635.3	598.7	560.8	—	—	—
韓　国[*1]	—	—	—	—	—	—	457.8	411.3	13.4
フィリピン	12.3	49.1	74.3	144.9	187.3	200.2	229.6	298.7	9.7
ブラジル	2	56.4	176.4	254.4	302.1	228.7	173.4	209.4	6.8
ネパール	..	..	1.3	3.6	7	17.1	54.8	139.4	4.5
インドネシア	1.7	3.6	7	19.3	25.1	24.4	36	98.9	3.2
アメリカ	29	38.4	43.2	44.9	49.4	49.8	52.3	60.8	2.0
台　湾[*2]	—	—	—	—	—	—	48.7	57.3	1.9
タ　イ	2.6	6.7	16	29.3	37.7	38.2	45.4	56.7	1.8
その他	18.5	70	117.7	179.1	255.9	248.2	321.5	491.8	16.0
合　計	850.6	1075.3	1362.4	1686.4	2011.6	2087.3	2232.2	3075.2	100.0

（注）＊1：韓国は2011年まで「朝鮮」と同一カテゴリー。「朝鮮」はほぼ北朝鮮籍者を指している。
　　　＊2：台湾は2011年まで中国と同一カテゴリー。
（出所）法務省入国管理庁のウェブサイトを参照して作成。

を得てエンターテイナーとして入国してくる女性が多数を占めました。アメリカが多いのは，同国と日本との政治的，経済的な結びつきを考えると納得のいくところでしょう。ベトナム，ネパール，インドネシア，タイは，同じアジアに位置する国々です。さらに注目すべきは外国人人口全体数の伸びです。**表1.4** で1985年と2022年を比べると，その数は約3.6倍に増加しているのです。

国際移民はよいことか？

このように国際移民という「旅」が増えると，さまざまな文化を持つ人々やその人々の生活の印が街角にあふれていきます。すなわち，社会は**多文化化**していくのです。以前ならばほとんど単一文化

で埋め尽くされていた社会で，いまではいろいろな文化を持つ人々が「交流」することになります。時と場合によっては，他のいろいろな文化を持つ人々との「交流」が日常の出来事となることでしょう。このことを社会学的な言葉を使うと，「社会において増大してきた異質性との共存という課題が現れた」と表現することができます。

　このような社会の急激な変化に直面すると，誰もが疑問に思うことでしょう。はたして，国際移民という「旅」は，よいことなのだろうか，と。もちろん，国際移民は受け入れ社会に多くのメリットをもたらしてくれます。まずは，これまで接したことがなかった異文化を楽しむことができるようになります。エスニック料理やエスニック雑貨が好きな人は，とても楽しくなることでしょう。英語や中国語など外国語を学ぼうとしたとき，その外国語を母語とするネイティブの先生が身近に住んでいれば，直接教わることだってできるでしょう。プライベートで友だちになれたなら，きっと生活が楽しくなることでしょう。また，社会全体が活性化することでしょう。経済的な活性化については異論が表明されることもありますが，日本を含むほとんどの先進諸国経済は，国際移民なくしては運営できない状況になっています。

　しかしその一方，国際移民がデメリットをもたらしているように見えることも確かです。たとえば，人種差別，階層格差，テロリズム，宗教対立，「人種暴動」など，国際移民の増加が部分的であれ，さまざまな社会問題の原因になっていることを完全に否定することは難しい。それゆえ，国際移民の受け入れに反対の声が上がることにも，一理あるといえるでしょう。

3 国際移民への対処

▷ 伝統的国境管理

　このようなデメリットに実際に遭遇したり，また遭遇する可能性があると，国家など社会のいくつかの機関はなんとか対処しようとさまざまな動きをみせます。まず思いつく対処法は，**写真 1.2 左**のようなパスポートの所持を義務にし，国境でチェックすることでしょう。パスポートの所持義務なんて外国に行くのだから当たり前だと思われるかもしれません。ところが，今日では当たり前で伝統的な方法に見えるパスポート所持も，第一次世界大戦前後から本格的に制度化されてきたのです。つまり，20 世紀になってからの国境管理の方法なのです。

　さらにいくつかの国からの入国者および滞在者に，渡航前に査証すなわちビザをとってくるよう要求することも行われています。**写真 1.2 右**のようなビザは，観光，労働，留学など何かの目的に特定した活動をある期間に限り許可するもので，多くの場合「国境を越える旅」を始める前に自国にある訪れたい国の大使館に出向くなどして申請をしなければなりません。たとえば，1980 年代終わりから 90 年代初めのいわゆるバブル経済の時期に急増していた非合法移民の入国を妨げるために，日本政府はパキスタン，バングラデシュなどの国から訪れる人々にビザ取得を課しました。その結果，非合法移民の数を減らすことができたといわれています。

写真 1.2 パスポート（左）とビザ（右）

▷ 新しい国境管理

　ところが，パスポートやビザといった国境管理では，グローバル化し急増する国際移民の流れに対処しきれなくなってきました。そこでいろいろな工夫が登場してきたのです。

　たとえば，移民にいくつかの観点から点数をつけて，その点数の高い者の入国と滞在を許可するという「ポイントシステム」（points-based system）が各国に広まっています。年齢，教育歴，技能，勤続年数，言語能力などを点数化するのです。1967 年にカナダ，72年にオーストラリアで導入され，その後 91 年にニュージーランド，2006 年に香港，08 年にイギリス，10 年に韓国，12 年に日本など各国で，次々に採用されていきました。高度技能移民を積極的に受け入れたいという国家政策の現れです。

　また，国境管理を国家単独で行うだけではなく，国家間で協力し

つつ行おうという動きが加速してきました。ヨーロッパ連合（EU）の試みはその典型といえるでしょう。いくつかの事件はその協力のきっかけとなりました。たとえば，2011年2月12日から14日にかけて北アフリカから渡ってきた人々約5000人がイタリア沖の小島，ランペドゥーサ島に続々と上陸しました。当初イタリア政府は滞在許可を出したものの，他のEU諸国は移民たちが自国へ移動してくることを恐れ，イタリアに滞在許可を出さないよう要請しました。EUを中心としたシェンゲン協定加盟国に一度入国できた人々は，ほとんど自由に加盟国間へと移動できるからです。こうした事情もあり，EUでは制度的に国家間協力の努力が積み重ねられてきました。EU域内で最初にたどり着いた国でのみ難民申請を許すダブリン規則の採択や，EUの外周を囲む国境の警備を行う欧州対外国境管理協力機関（FRONTEX）の創設はその例です。15年に生じたいわゆる「難民危機」は，この傾向をさらに加速させることになりました（「ヨーロッパ難民危機」については**第4章**を参照）。欧州対外国境管理協力機関は16年に欧州国境沿岸警備機関（略称は変わらず，FRONTEX）へと改組されました。

　さらに，国家は非合法移民に関する罰則を設けていきました。罰則は非合法に入国や滞在，労働などをした移民に対して課されただけではありません。非合法移民を雇った雇用主にも罰則が課されるのです。日本の場合，1990年の**出入国管理及び難民認定法**で導入されました。さらにヨーロッパ諸国では，移民自身や雇用主に対してだけではなく，非合法移民を運んだ航空会社，船舶会社，トラックなどの陸上運送会社に罰則を課す動きも現れました。このように，政府など公的な政治主体が民間主体に移民管理を委ねたりその責任を負わせる動きを，**国境管理の民間化**（privatisation of border control）

と呼ぶことにしましょう。

　以上のように，国際移民のグローバル化にともない，パスポートやビザといった国境管理の手法に加えて，新たな手法が開発されてきました。これら新たな手法のいくつかを念頭に置いて，移民マネジメント（migration management）という移民管理の方法を提唱する研究者や実務家もいます。たとえば国際移住機関（International Organization for Migration；IOM）やその周辺の研究者たちは，移民マネジメントによって「ウィン—ウィン—ウィン」（win-win-win）の関係ができると主張しています。すなわち，送り出し国にとっても，受け入れ国にとっても，さらに移民自身にとっても利益になるような国際移動と移民管理のやり方が可能だというのです。しかし，新たな手法が主張されるような効果を生むのかどうか，現在もなお議論が続いています。

▷　**国境内への施策**

　国際移民という「旅」が加速すると，国境管理だけではなく国境内に滞在している移民・外国人を管理したり社会に統合するための施策も必要とされてきます。たとえば，日本は第二次世界大戦後，外国人登録証を発給することで外国人住民を管理・統合しようとしてきました。しかし，かつて指紋押捺を求めるなどしたことで批判の対象にもなってきました。

　この外国人登録証は幾度か改正された後 2012 年 7 月に廃止され，代わりに 3 カ月以上日本に滞在する外国人は「在留カード」を所持することになりました。また，外国人も日本人と同じように住民基本台帳に掲載され管理されることになりました。

　一方で，各国は定住化した移民・外国人の存在を認めざるをえな

表 1.5 多文化主義の施策（オーストラリアの事例）───────────

異文化や異言語の維持・促進
エスニック・コミュニティへの財政援助（エスニック学校・移民博物館・福祉施設）
エスニック・メディアへの免許付与・公的援助（テレビ・ラジオ放送）
エスニック・ビジネスへの援助・奨励，表彰
非差別的移住政策の実施（聖職者，教師など文化的専門職の移住規制をしない）

政治・社会参加の促進
受け入れ社会の言語・文化に関する教育サービス
通訳・翻訳サービスの実施（電話通訳，裁判所・病院・警察など公共施設）
公共機関における多言語出版物の配布（災害情報など）
国外で取得した教育・職業資格の認定
新規移民・難民向け福祉援助
教育・雇用に関するアファーマティヴ・アクション
永住者・長期滞在者への選挙権付与
人種差別禁止法の制定と実施
人権・平等委員会などの設置

受け入れ社会のマジョリティへの啓蒙活動
公営多文化放送の実施　（テレビ・ラジオ放送）
学校，企業，公共機関における多文化教育の実施
多文化フェスティバルなどの実施
多文化問題研究・広報機関の設置
多文化主義法の制定

（出所）関根（2000）pp. 44–46 をもとに作成。

───────────────────────────────────────

くなっています。その 1 つの結果として，多文化主義という考え
が広まり，いくつかの国では国家や地方自治体の政策の原則となり
ました。**表 1.5** のオーストラリアの例のように，移民・外国人自身
による文化・言語の維持や涵養（かんよう）を支援したり，政治参加や社会参加
を促進したり，マジョリティに移民・外国人の文化などを啓蒙する
政策が実施されていることがわかります。以前だと，移民は自分た
ちの文化を捨て去りホスト社会の文化や習慣を身につけるよう期待
されたり強制されていました。このような期待や強制のことを**同化**

主義と呼びます。日本で在日コリアンなど，オールドカマーを対象に行われた「創氏改名」はその例です。しかしいまでは，移民の文化を尊重しようという考えが世界に広まってきています。これは，社会が多文化化したことを徐々に承認せざるをえなくなった結果といえるでしょう。

4　国際移民という「旅」と「交流」のこれから

▷　社会はどうなるのか？

　国際移民という「旅」によって，今後，社会はどうなっていくのでしょうか。まず第1に，国際移民という「旅」をなくすことは誰にもできません。いやそれどころか，いま以上に増加していくことでしょう。第2に，社会の多文化化も止められません。これまで以上にさまざまな文化が1つの社会で共存しなければならなくなるでしょう。すると社会には，国際移民による社会活性化を擁護する動きと，国際移民によって脅かされる社会秩序を回復しようとする動きが現れ，対立するようになります。この対立を端的に示すのが，ヨーロッパ諸国における極右政党およびポピュリスト政党の台頭と，それに反対するリベラル勢力の動きです。

　「旅」という観点から考えると，別の対立も見えてきます。国際移民は個人として「旅」し「交流」する自由を持つべきです。しかし一方，国家は国民の意志をある程度くみ取り，国際移民を管理する権限を持ちます。この個人の自由と国家の権限の対立も激しくなることでしょう。すなわち，これまで以上に国際移民は移動しようとし，国家は移民たちをより管理しようとする。この「国際移民の

自由」と「国家主権」の衝突を緩和するために，両者の間でバランスをとる「仕組み＝制度」が世界的に模索されていくことでしょう。

グローバル化時代をいかに生きるか？

　国際移民という「旅」と「交流」は，国家や国際機関やその他の政治的主体だけが対処すれば済むことではありません。実際に「旅」や「交流」に関わるのは私たち自身です。そこで，国際移民という「旅」と「交流」にともなって，私たちも変わる必要はないでしょうか。

　それでは，私たちは，どのように変わる必要があるのでしょう。少なくとも，自分たちとは文化も習慣も考え方も異なる「他者」を受け入れる態度を持たなくてはなりません。そして，社会に生じる多様性や異質性を認める態度も獲得しなければならないでしょう。

　このように私たち自身も変わることで，国境を越えた「旅」は，よりよい「交流」をもたらしてくれるのです。

コラム1 ベルリンの壁　私は東側と西側の境界だった「ベルリンの壁」の実物を見たことがあります。1990年2月から32日間ヨーロッパを旅行したときです。大学の卒業記念旅行でした。

　ベルリンを代表する大通り，ウンター・デン・リンデン通りの奥，ブランデンブルグ門のあたりにベルリンの壁はそびえ立っていました。壁といっても分厚く，その上を人々が歩くこともでき，当時，東側の国境警備兵たちは見て見ぬふりでした。壁は前年1989年秋にいったん開放されており，完全開放は時間の問題だったのです。

　そこにはハンマーで壁を壊している人々がいました。「民主主義と自由のためか」と思いきや，傍らには値札の付いた壁のかけらが置いてありました。その人々は，壁に描かれた落書きを売る，即席の露天商だったのです。

　西側から壁を見た後，社会主義陣営に属する東ベルリンに向かいました。地下鉄で壁を越えフリードリッヒ・シュトラーセ駅で下車すると，入国審査です。友人は大きなパンを3つ持っていて，「誰にあげるんだ？」と問いつめられました。地上へ出ると，東ベルリンの街は暗く凍えるようでした。ご飯を食べたくとも食堂が見つからなかったほどです。

　その17年後，2008年にベルリンを再訪しました。フンボルト大学での法社会学会に参加しながら，壁のことがずっと頭を離れません。帰国の日，飛行機の時間までに急いで向かったのはブランデンブルグ門。その上を歩いた壁はもうありません。見て見ぬふりの国境警備兵や壁の落書きを売る露店商たちの跡形もなく，駅へ行っても入国審査などありません。地上へ出て目に飛び込んできたのは，モダンなベトナムレストラン。左向かいには，スターバックスコーヒー。そう，冷戦は終わったのです。

　線路に沿って歩いていくと，さびれた街並みが広がってきました。「見覚えがある。当時のままだ」。感慨に浸ったのもつかの間，標識が見えてきました。「フンボルト大学」。そこは昨日まで学会をしていた校舎のすぐ裏でした。そうか，フンボルト大学は旧東ベルリン側だったのか。その瞬間，昔の自分と今の自分が重なりました。

グローバル化のなか
の出会い

Quiz クイズ

Q 2.1 私たちは，人，モノ，文化など数々の「出会い」を経験して
います。最も印象的な「出会い」はどのようなものでしたか。
それは「よい出会い」でしたか。それとも「よくない出会い」
でしたか。

Q 2.2 人と人との関係をあたかもモノとモノとの関係のように見なす
こと（物象化論）を批判したのは，以下のうち誰でしょう。
a. トマス・ホッブズ　**b.** カール・マルクス　**c.** マックス・ウェ
ーバー　**d.** エミール・デュルケーム

Q 2.3 家族や地域など，血縁や地縁によって前近代から存在してい
たとされる基礎的集団のことを，ドイツの社会学者フェルディ
ナント・テンニース（Ferdinand Tönnies）はなんと呼んだでし
ょう。
a. ゲマインシャフト　**b.** ゲゼルシャフト　**c.** ヘルシャフト
d. ゲノッセンシャフト

Q 2.4 フランスで望ましいとされ，かつ実際に採用されている政治理
念は，以下のうちどれでしょう。
a. 権威主義　**b.** 同化主義　**c.** 多文化主義　**d.** 共和主義

Answer クイズの答え

A2.1 担当編集者は，学生時代に訪れたニューヨークで，たまたま贋作絵画を売るギャラリーを訪れるという「出会い」をしたそうです。腕をつかまれ，強引に買わされそうになったところを走って逃げ出したそうで，ご本人にとっては20年近く経っても忘れられない強烈な「出会い」だったようです。

A2.2　b. カール・マルクス

a. ホッブズと **d.** デュルケームについては，**第5章コラム3**を参照してください。**c.** ウェーバーは，キリスト教の一派であるプロテスタンティズムの精神が資本主義を生み出したと主張したことで有名です。

A2.3　a. ゲマインシャフト（Gemeinschaft）

b. ゲゼルシャフト（Gesellschaft）は，会社や学校など特定の目的や利害のために人々が意図的につくった集団のことです。**c.** ヘルシャフト（Herrschaft）は支配のことであり，テンニースは親子関係などゲマインシャフト内部の支配をとくに問題視しました。**d.** ゲノッセンシャフト（Genossenschaft）は，メンバーの自由意志に基づいて契約によって形成される横につながる関係であり，テンニースはゲマインシャフトとゲゼルシャフトを統合した形態であるとしました。

A2.4　d. 共和主義（republicanism）

a. 権威主義（authoritarianism）の政治的な意味は，国王などの元首や官僚など政治組織が権力を独占して統治を行う政治体制やそれに関する政治思想のことです。**b.** 同化主義（assimilationism）は，移民などマイノリティが自らの文化を捨て去り，マジョリティの文化や習慣を身につけることを望ましいとする考え方やそれに基づく政策のことです。**c.** 多文化主義（multiculturalism）は，移民・外国人や先住民族などによる自らの文化の維持や涵養が望ましいとする考え方やそれに基づく政策のことです。

Chapter structure　本章の構成

　国際移民という「旅」は，何を引き起こすのでしょうか。「パリにおける出会いの社会学」という観点からこの問いを考えてみましょう。しかしすぐに疑問に思われることでしょう。「なぜパリなのか？」「なぜ出会いなのか？」「なぜ社会学なのか？」まずは，順番にそれらの疑問を解きほぐしていくことにしましょう。

1　パリの出会い

▷　**なぜパリ？**

　最初の疑問から見ていきましょう。なぜパリに着目するのでしょうか。

　すぐに思いつく答えは，かなり簡単かつ私的なものです。というのも，著者である私自身が，2013 年 1 月末から 6 月半ばまでの 4 カ月と 22 日の間，フランスのパリに住み，パリという都市とそこにいる人々を**参与観察**することができたからなのです。私が住んでいたのは，**写真 2.1** に写っているアンヴァリッドとエッフェル塔からそれぞれ歩いて 15 分ほどのところでした。向かって右手に大き

写真 2.1 アンヴァリッドとエッフェル塔

く写っている宮殿のような建物が通称アンヴァリッド（L'hôtel des Invalides）です。そこは傷痍軍人（戦場で死傷した元兵士）をまつる施設で，ナポレオンが眠る墓もあり，観光客が多く訪れる観光地となっています。少々小さいものの，向かって左手にはエッフェル塔が細長い姿で建っていますね。この風景が示唆するように，私の住んでいたアパートはパリの中心部にほど近く，そのためリビングと寝室の 2 部屋しかないにもかかわらず 1 カ月 20 万円を超える家賃でした。

　しかしそのときの滞在は，生活コストに見合う実りあるものでした。その 1 つの理由は，招聘教授としてパリ政治学院（Sciences Po Paris）で授業をする機会を得ていたためです。フランスには，高校（lycée）を卒業した後に進学する高等教育機関として，日本の制度と類似した大学（université）のほかに，職業系や芸術系の専門学校や，グランゼコール（grande école）と呼ばれる「高等専門大学校」があります。後者のグランゼコールは，少数の選ばれた学生が学ぶ

いわゆる「エリート」養成のための学校です。フランスは 19 世紀後半に普仏戦争でプロシアに敗れたことから，社会の立て直しを図る必要に迫られました。対応策の柱の 1 つが，社会の「エリート」を養成する特別な学校をつくることだったのです。

　私が教えていたパリ政治学院は，社会科学系のグランゼコールで，フランソワ・ミッテラン，ジャック・シラク，最近ではエマニュエル・マクロンなどの政治家や官僚，フェルナン・ブローデルやエマニュエル・トッドなどの学者といった，さまざまな社会の牽引者を多数輩出してきました。私はそんな学校で教える機会を得て，パリに滞在していたわけです。

　さらに，パリ政治学院が留学生を多数抱えてグローバル化しているだけでなく，パリという都市も海外から多数の人々を迎えるなどきわめてグローバル化していました。パリを舞台として取り上げることで，グローバル化の特質がより理解できるだろうと期待されるのです。

▷ **なぜ出会い？**

　2 つめの疑問にいきましょう。なぜ「出会い」なのでしょうか。「出会い」は日常生活で頻繁に行われており，とてもありふれていて，だからこそつかみどころがないような気もします。ところが少し考えてみると，「出会い」に着目する意義が見えてくるのです。

　社会学で「出会い」を考察した先人というと，まず出てくるのはアーヴィング・ゴフマン（Erving Goffman）です。ゴフマンにとって，「**出会い**」（encounter）は知らなかった人との新しい巡り合いというよりは，同じ空間を共有した人々の「焦点の定まった集まり」を意味します。焦点の定まった集まりとは，人々がある話題など単

写真 2.2 カール・マルクス

一の焦点に集中し，コミュニケーションなどのやりとりを行っていることです。ですから，単に同じ空間にいるだけでは，「出会い」にはならないわけですね。

さらに「出会い」の意義を確認するために，カール・マルクス（Karl Marx, **写真 2.2**）に登場してもらいましょう。19 世紀ドイツの思想家・哲学者・経済学者・社会学者で，誰でもその名前を知っている有名人ですね。社会主義革命を唱えたり『資本論』などの著作を残したりしたことで知られる，あのマルクスです。19 世紀に生を受け活躍したマルクスには，過激なことを主張したという印象があるかもしれませんが，その一方で有意義な社会科学的な考察や哲学的洞察を残してもいます。

マルクスは，20 代の頃に「フォイエルバッハに関するテーゼ」というメモ書きを残し，後に出版されています。当時大きな影響力を持っていた哲学者のルートヴィヒ・フォイエルバッハ（Ludwig Feuerbach）を批判したもので，その「テーゼ」のなかには次のような記述があります。「人間的本質は，その現実性においては社会的諸関係の総体である」。すなわちマルクスは，商品経済のなかでモノとモノとが関係を結ぶ一方，人間と人間はそれぞれ孤立して存在するという見方を批判し（この見方は物象化論と呼ばれます），人間は他の人間との関係のなかではじめて存在でき，モノとモノとの関係はその反映なのだと主張したのです。

ゴフマンとマルクスの考察は，非常に重要なことを示唆しています。私たちは，生まれてから現在に至るまで，さまざまな人々と同じ空間を共通してさまざまなやりとりをする「出会い」を重ねることで日々生活を送っています。したがって私たちの人生は，「出会い」の集積なのです。言い換えれば，私たちの人生はさまざまな人間関係が積み重なり，束になることで構成されているのです。ここで私はゴフマンやマルクスの考えを拡張し，私たちは他の人々との「出会い」を重ねて生きているだけでなく，さまざまなモノとも「出会い」つつ生きていると，主張しておきましょう。

なぜ社会学？

　なぜパリなのか，なぜ出会いなのか，という2つの疑問に続き，3つめの疑問にいきましょう。なぜ社会学なのでしょうか。その答え方には2つあります。

　1つは，私たちの人生が人間関係の積み重なりであるのと同時に，社会もまた人間関係の積み重なりだと考えることができるからです。つまり，社会も出会いの集積なのだといえるでしょう。そう考えるなら，出会いという要素が不可欠な「旅」について考察するためには，社会学はぴったりの学問なのです。

　社会学とは何か。この問いに対する答えはさまざまにありうるものの，1つの簡潔な答えは「社会学とは，コミュニケーションやモノなどを介して人と人とが関係を形成する行為の学である」というものでしょう。「**行為**」(action) とは，「何かをする」ということを示す社会学の基本用語です。そして，社会学はまさに人々がどのように出会ってどのような関係をつくるかを対象の1つとする学問なのです。

もう1つの答え方は，私たちが，どのような出会いを実現できるのかを，社会学が示してくれるというものです。私たちにはどのような出会いができるのでしょうか。どのような人間関係をつくることができるのでしょうか。

　ここで2つの区別を取り入れてみましょう。1つめは，出会いが私たちの自由意思に基づいたものなのか，それとも意思にかかわらずなされたものなのか，という区別です。そしてもう1つは，出会いによって私たちは利害を超えてお互いの人格同士でつながるのか，それとも特定の利益だけでつながるのかという区別です。こうして「自由意思／意思無関連」と「人格的結合／利益的結合」という2つの区別を持ち込んでみると，出会いによって形成される他者との関係には，**図2.1** に図示した4種類があることがわかるでしょう（見田 2006: 16-20）。

　第1に，自由意思に基づき人格的な結合を果たす出会いを「**交響的関係**」と呼んでおきましょう。たとえば仲のよい友人がこれに当たります。誰に出会えるかは偶然だという要因はあれ，強制されることなく自分の意思に従って人間関係を形成し，損得勘定を抜きにして人格的につながって豊穣な関係となることが期待されます。

　第2に，「**共同体的関係**」です。これは「運命的関係」と言い換えてもよいかもしれません。たとえば，家族や村落共同体における出会いは，本人が意図する余地もなく行われ，人格的なつながりが実現しつつ，「しがらみ」と呼べるような息苦しさをもたらすこともあるでしょう。このとき，共同体的関係は豊穣な側面を持ちながらも，抑圧的になる可能性があります。社会学では，血縁・地縁によって形成された集団（ゲマインシャフト）のなかでも，村落共同体は近代化の文脈で個人の自由を抑圧するものだと批判されたことが

ある一方，家族に関しては気分や感情を共有するものだと肯定的に扱われることがありました。こうしたゲマインシャフトの持つ二面性は，ほかの共同体的関係にも共通するものだといえるでしょう。

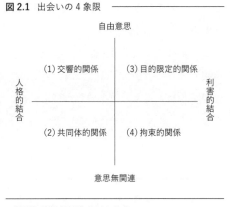

図 2.1　出会いの 4 象限

自由意思

（1）交響的関係　　（3）目的限定的関係

人格的結合　　　　　　　　　　　利害的結合

（2）共同体的関係　　（4）拘束的関係

意思無関連

（出所）見田（2006）をもとに作成。

第 3 に，特定の利益を追求するために自由意思に基づいて出会いが行われると，「**目的限定的関係**」が形成されます。その典型例は会社などの職場でしょう。就職活動などを経て職場に集う人々は，お金を稼ぐために自分の意思でやってきます。もちろん同僚，上司や部下などと仕事以外でも自分から進んでつき合うよい仲間になることもありますが，それは付随的な現象でしょう。基本的には，お金を稼ぐという功利的な目的に限定された関係ですから，仕事がなくなればその関係も終わります。ときには刹那的であったり抑圧的になったりもします。働いた経験のある人には，よく理解してもらえることでしょう。

最後に取り上げるものは「**拘束的関係**」です。これは，特定の利益を追求するために自分の意思とは無関連に出会い，関係を形成しなくてはならないような場合を指します。そのため，この出会いは自由を奪われた関係を形成する可能性があります。その典型例は，モノの売り買いをするための出会い，すなわち，経済的な市場です。市場では，モノの売り買い以外にはまったく関与せず，売り買いの

ためには依存せざるをえない関係が形成されます。これが拘束的たるゆえんなのです。

このように社会学は，私たちの出会いと関係が多様であることを示唆します。次節からは，これら4つの分類に即して，私がパリで経験した人々との出会いおよびモノとの出会いを事例として整理しながら，グローバル化における出会いを考察していくことにしましょう。

2 出会いの社会学的構造

▷ 交響的関係

まず初めに，自由意思で人格的結合がなされる交響的関係からです。おかげさまで，私もパリで交響的関係といえるような出会いをすることができました。かつて私は，イギリスのウォーリック大学で客員研究員をしていたことがあり，そのときにさまざまなヨーロッパ諸国出身の友人たちができました。そのうちフランスに住む友人たちが「ヒデキがパリに来た！」と気をつかってくれ，食事やお茶などいろいろな場に連れ出してくれたのです。これらはまさに私がパリで経験した交響的関係といえるでしょう。

旧友との再会という交響的関係では，あるモノがそれをうまく媒介してくれました。そのモノとは，料理です。

日本でカフェというと，コーヒーや紅茶など飲み物を飲めるところで，食べ物はケーキか，せいぜいサンドイッチのような軽食があるだけのことが多いでしょう。しかしフランスでいう「カフェ」(café) には，コーヒーなどのノンアルコールの飲み物だけではなく，

写真 2.3 パリのカフェの料理
（注）左上がワイン，右上が前菜，左下が主菜，右下がデザート。

いろいろなお酒やしっかりとした食事のとれるところが多いのです。
私が旧友たちと訪れたなかで，エッフェル塔の近くにあったカフェ
はとても充実した料理をそろえていて，日本ならレストランと呼べ
るほどの域に達していました。とても人気があるにもかかわらず予
約を受け付けていないので，毎日開店前には長蛇の列ができていま
した。そこで私がいただいた料理は，前菜がサーモン，主菜は肉に
ハムとチーズをはさんだコルドンブルーというカツレツ，そしてク
リームが山のかたちに盛られたデザート，そして赤ワインでした
（**写真 2.3**）。とくに主菜のコルドンブルーを気に入りましたけれど
も，メニューを見るとその主菜の名前の横には「これは子どもがと
ても好きな料理」と注釈がありました。でも，大人の私も好きです。
　パリではこうした料理を介して旧友と再会し，交響的関係を結ぶ
ことができたわけです。しかし同時に，モノであるはずの料理とも
交響的関係を結べたような想いもあります。もちろん，料理に人格

があるのかという疑問もあることでしょう。ここで，あえてフランスの哲学者モーリス・メルロ＝ポンティによる他者認識の議論を持ち出してみましょう。社会学者の大澤真幸が求心化作用と遠心化作用という概念でよりわかりやすく解説しています。その解説を援用すると，料理も人格を持つ「他者」になりうるように思えてきます。料理を楽しむという豊かな経験を誰がしたのかという視点をとると（求心化作用），私という「自己」が浮かび上がります。一方，この豊かな経験を誰がさせてくれたのかという視点をとると（遠心化作用），料理という「他者」が現れてくるのです。すなわち私の経験は，メルロ＝ポンティの考えに従えば，料理はある種の「他者」として存立すると解釈できるわけです。

共同体的関係

　それでは2つめの出会いとそれが生み出す関係を見ていきましょう。それは，自分の意思とは無関連に，人格的につながるという共同体的関係でした。

　共同体的関係として特筆できるのは，パリ政治学院の教職員や大学院生との出会いです。パリ政治学院では，授業を担当するかどうかにかかわらず，すべての教員・研究員をどこかの研究所に所属させることにしていました。私は「社会変動に関する社会学的研究所」（Observatoire sociologique du changement；OSC）にたまたま配属され，そこで教員・研究者や学生と出会いました（写真2.4）。所属を決めたのは，私を招聘したプログラムの担当事務官であるマリーさんと研究所の事務長のマリーさんでした。2人のマリーさんの導きによって，私の意思とは無関連に教職員や大学院生たちと人格的な結びつきをつくる出会いを得たというわけです。

写真 2.4 パリ政治学院の研究所での出会い

　次に，話を広げて人々との共同体的関係からモノとの共同体的関係に移りましょう。先ほどの料理の話と同じように，ここでも「モノとどうやって関係を結ぶのか？」「モノに人格があるのか？」といった疑問が出てくることでしょう。けれども，私にとってはモノとの関係も私の人生をつくってくれています。先ほどのメルロ＝ポンティの議論に従えば，遠心化作用によってモノを「他者」と見なして「人格的に結びついた」ということです。

　私がパリで「共同体的関係につながる出会いをした」と言いたくなるモノは，絵画でした。もちろんパリにはすばらしい絵画がそれこそ無数にあります。観光旅行で訪れるなら，定番は「モナリザ」のあるルーブル美術館でしょうか。そしてルーブル美術館の南西の方向，セーヌ川をはさんだ反対側にはオルセー美術館があり，印象派やポスト印象派の作品が数多く所蔵されています。そして，そこからもう一度セーヌ川を真向かいに渡ったテュイルリー公園のなかには，オランジュリー美術館があります。ここも印象派やポスト印

象派の絵画を所蔵しているとともに，一部屋の壁全面，360度にわたってクロード・モネの「睡蓮」が見られる貴重な空間があります。もし現代アートに興味のある方なら，東へ向ってジョルジュ・ポンピドゥー国立美術文化センター（ポンピドゥー・センター）に足を運ぶとよいでしょう。

　これら数ある美術館のなかで，自分の意思と無関連に，人格的につながったと思える出会いができたのは，パリ西方，ブローニュの森にほど近いマルモッタン・モネ美術館においてでした。その名のとおり，クロード・モネの作品を中心としたすばらしいコレクションのなかにその絵はありました。クロード・モネの「印象・日の出」です。

　この絵は，絵画史を画した特別な絵の1つであるといえましょう。いまから約150年前（1874年），当時の圧倒的主流であったフランス政府主催の官展「サロン」に反旗を翻した画家たちが，独自に展覧会を開きました。そのとき，批評家がこの絵を見て，「これは絵画ではない。単に印象を描いたにすぎない」と酷評したことが，いまではよく知られた絵画の一ジャンル「印象派」の名前の由来になりました。そのときは，まさかこの絵に，マルモッタン・モネ美術館で出会えるとは思っていなかったのです。私の意思とは無関連に出会い，そして大きく心を揺さぶられた経験でした。

　この出会いには後日談があります。「印象・日の出」を見て数日後のこと，前々から依頼されていた仕事があり，私はパリから西へ列車で2時間ほど行った港町ル・アーブルへ出かけました。そこにはパリ政治学院の分校があり，主にアジアに興味を持つ学生が集って学んでいます。そこで午後の4時間，講義を行ったのです。おかげさまで講義は大いに盛り上がり，学生諸君は非常に喜んでく

れました。その高揚感の冷めや
らぬなか，海岸沿いを散歩して
いて偶然出会ったのが，まさに
「印象・日の出」をクロード・
モネが描いた制作現場だったの
です（**写真 2.5**）。残念ながら，
海岸部分は埋め立てられてしま
い駐車場になっていました。し
かし，燦々（さんさん）と日の光が降り注ぐ
なかで見た空と雲は，先にマル
モッタン・モネ美術館で出会っ
た絵に描かれたそれだとわかり

写真 2.5 「印象・日の出」の制作現場

ました。ここでも，意思にかかわらず人格的につながるかのような
出会いをすることができたのです。

目的限定的関係

　3つめの出会いを見ていきましょう。自由意思で何か利益を追求
するために出会ってできる目的限定的関係には，どのようなものが
あったでしょうか。

　パリで私が経験した目的限定的関係の最たる例は，パリ政治学院
の学生諸君です。私は同学院で選択コースの授業を週1コマ担当
していました。パリ政治学院の担当者からの要請は「社会科学の観
点からアジアのことを教えてほしい」というものでしたので，毎週
水曜日午後2時15分から4時15分の2時間，「国際社会学とアジ
ア」（Transnational Sociology and Asia）と題した講義を英語で提供し
ました。講義の内容は，国境を越える人の移動とそれが引き起こす

社会的影響に関するものです。具体的には，前半に国境を越える人の移動の世界的状況とそれに関する理論について解説し，後半で日本と韓国という2つの事例に理論を応用する，といったものでした。

　学生諸君にとって，この授業での私との出会いは，そもそも自由意思でかつ利益追求的なものだったことでしょう。というのも，学生たちはいくつかの授業のなかから私の授業を自由意思で選択したわけです。なぜ選択したかというと，アジアについて学びたいとともに単位がほしかったからでしょう。私にとっても，海外で教えたいという利益追求のためにパリ政治学院におもむくことを自分の意思で選択し，面識のなかった学生たちとたまたま出会い，そこで目的限定的関係を築いたことになります。

　ところが，そもそも授業の単位がほしいなどのために授業を受講した学生なのに，そのうち一部の学生とはその後，授業を超えて人格的な交流を持つことができました。すべての授業終了後，何人かは「とても啓発的な授業だった」と電子メールで賛辞をくれました。また，私が日本に帰国して2，3カ月後には，台湾系アメリカ人の学生から連絡がありました。彼女いわく，「ヒデキの授業がとても楽しくてますます日本に興味を持ったので，東京に住むことを決めて，もう到着しました。またお会いしたいです」。このように，パリ政治学院の授業で展開した学生たちとの目的限定的関係は，授業の終了後には利益を超えたやりとりをともなう交響的関係へと変化したのでした。

　このような変化は，教師を職業としている人ならしばしば経験するものでしょう。この教師としてのある種の特権をパリでも経験できたことは，私にとってこのうえなくうれしいものでした。

▷ 拘束的関係

　出会いの4つめ，最後のタイプは拘束的関係です。特定の誰か
に会いたいという意思を持たず，利益追求のために行った出会いは，
もちろんパリでも頻繁にありました。昼ご飯にするサンドイッチを
売ってくれたパン屋の女性，新聞『ル・モンド』を毎日売ってくれ
たキオスクのおじさん，2Kと狭く家賃がとても高いながらも徒歩
で研究所に通えて便利だったアパートの管理人さんや中庭で三輪車
に乗っていたその息子さんとの関係などは，世間話を含む楽しいや
りとりがありながらも，やはり利益追求的なその場限りの関係であ
ったことは否めません。また，こうしたモノのやりとりをする特定
の相手を選んだわけではないという意味で，意思にかかわらず出会
い，非人格的な関係を形成した人々だったといえます。

　しかしこれらの拘束的関係は，どの国のどの街に住んでいても結
ぶことのある関係であり，パリ独自の特徴を感じません。それでは
パリ独自の拘束的関係をもたらす出会いが存在するのでしょうか。
それが，存在したのです。

　フランスで5カ月ほど働こうとすると，入国と滞在のために煩
雑な手続きが必要になります。すでに日本を発つ前に，ビザ取得の
ための書類を準備し，東京のフランス大使館で書類の提出は済ませ
たものの，残りの書類書きや申請などはパリ到着後の仕事でした。
そこで，パリ到着の翌日，パリ政治学院の事務室を訪れたのです。
私が招聘教授だったからでしょうか，事務の方々は懇切丁寧に対応
してくださり，ビザ申請手続きの残り，電子システムの登録，図書
館の利用手続きや研究室のあっせんなど，その丁寧さにはこちらが
恐縮してしまうほどでした。

　その夕方，満足感と高揚感の入り混じった気持ちでパリ政治学院

から帰途につき，最寄り駅からパリの地下鉄メトロに乗り込もうとすると，少女が目の前に立ちはだかりました。「これはおかしい」と思いつつ，とりあえず強引に乗り込んで脇にそれました。周りには目つきの鋭い5人ほどの少女，その横には彼女たちを統率する30代か40代とおぼしき女性がいます。その女性が声をかけてきました。「中国人か？」，明らかに私から金銭を奪えなかったのでイライラしています。近くにいたフランス人男性の乗客が席を移るふりをして英語で私に耳打ちしました。「スリだよ」，私が「気づいています。ありがとう」と答えたとたん，少女スリ集団はその乗客に怒りを向け始めました。1人の少女はブーツから手製の木刀を取り出します。別の少女はカバンから大きなコーラのビンを取り出し，威嚇します。すると，乗り合わせた女性の乗客が大声で叫びました。「あなたたち，やめなさい！」すると次の駅で，少女スリ集団は悪態をつきながら隣の車両へと移っていったのです。

　少女スリ集団は，ちょっと相手を間違えたようです。私は社会学者として振る舞っていました。自分の身を守りつつ，事態を冷静に観察しつつ考えていたのです。彼女たちは，次にどんな行動に出るだろうか，そしてどんな背景を持った人々なのだろうか，などと。

　少女たちの服装や行動パターンから判断して，彼女たちは定住せず移動しながら生活するロマの人々で，東ヨーロッパ諸国のどこかからフランスへやってきたのでしょう。特定の誰かと事前に決めたわけではなく，容貌からフランスでは明らかにマイノリティに属する私をたまたま見つけて，金銭を奪おうとしたわけです。私のほうも，意思に反して彼女たちに出会い，マイナスの利害をもたらすつながりを形成せざるをえませんでした。この少女スリ集団との出会いは，パリ滞在中で最も衝撃的な拘束的関係を形成することになっ

たのです。

　このような意思とは無関連に形成される極端な利益関係は，フランスで近年，問題化しています。その1つの理由は，国境を越える人の移動がますます盛んになり，グローバル化してきたことです。そこで次節では，人の移動のグローバル化がどのように人々の交響的な出会いを難しいものにしているかを見ていくことにしましょう。

3　グローバル化と社会的緊張

▷　国境を越えてやってくる人々

　近年，パリ，そしてフランスにおける人々の出会いは**社会的緊張**をはらむことが多いとよくいわれます。その理由の1つは，国境を越えてやってくる移民および移民の子孫の増加です。

　まず，2010年以降，フランスに国際移民がどれだけ住んでいるか見てみましょう。21年現在，外国籍を持つ外国人人口は約523万人で，フランスの全人口が約6775万人なので，全人口の約7.7％程度を占めます（**表2.1**）。ただしこの数字にはフランス国籍を取得した者は含まれていないため，フランスで生まれた移民2世や3世などで入っていない者がいます。

　次に，国際移民がどこの出身かを見てみましょう。ヨーロッパ出身者が多いのは，ヨーロッパ連合（EU）内の，とくにシェンゲン域では人の自由移動が可能となっているからです。それとともに目立つのは，アルジェリア，モロッコ，チュニジア，マリ，セネガルといったアフリカ諸国生まれの人々が多いことでしょう。これらの国々の多くがかつてフランスの植民地であったがゆえに，現在も続

表 2.1 フランスにおける外国人人口（出身国別，千人）

国　　名	2010	2011	2012	2013	2014	2015	2016	2017	2018	2019	2020	2021
ポルトガル	497.6	501.8	509.3	519.5	530.6	541.6	546.1	548.7	—	—	—	—
アルジェリア	466.4	466.6	469.6	476.5	483.8	495.7	505.6	518.1	—	—	—	—
モロッコ	435.2	433.4	436.4	443.4	448.5	458.2	464.9	472.6	—	—	—	—
トルコ	221.2	219.8	217.8	216.4	215.7	215.5	212.5	211.8	—	—	—	—
イタリア	172.7	172.6	174.9	177.2	181.3	187.9	194.6	202.6	—	—	—	—
チュニジア	147.1	150.4	155.0	161.5	168.0	173.0	178.9	187.1	—	—	—	—
スペイン	128.0	129.1	133.4	138.7	144.4	152.2	157.4	163.6	—	—	—	—
イギリス	156.3	157.0	156.4	153.6	151.8	150.4	148.2	146.1	—	—	—	—
中　　国	86.2	90.1	93.8	96.2	97.6	100.6	100.4	102.1	—	—	—	—
ベルギー	92.9	94.7	95.1	96.1	97.4	99.2	100.4	101.7	—	—	—	—
ルーマニア	49.3	57.6	64.8	74.3	86.9	96.9	106.2	116.8	—	—	—	—
ドイツ	93.3	93.7	93.4	91.7	90.8	89.8	88.2	86.6	—	—	—	—
マ　　リ	63.3	64.9	66.8	69.7	71.0	73.4	75.5	78.1	—	—	—	—
ハイチ	58.0	62.7	64.2	65.8	68.6	72.5	74.6	77.5	—	—	—	—
セネガル	51.7	52.6	54.8	57.4	59.8	62.8	65.2	69.2	—	—	—	—
その他	1102.2	1145.8	1194.9	1245.9	1303.9	1365.7	1523.3	1621.4	—	—	—	—
合計	3821.5	3892.8	3980.6	4083.9	4199.9	4335.4	4542.0	4704.0	4769.4	4986.9	5150.0	5226.0

（出所）OECD（2021, 2022）をもとに作成。

く人の流れの経路ができあがっているのです。そして，上で触れたようにフランス生まれなどの事情で，フランス国籍を取得している移民の2世や3世なども数多く居住しています。フランスが，多くの国際移民を抱えた多文化社会になっていることがよくわかるでしょう。

このような国際移民は，多くの楽しい出会いをもたらしてくれます。外国人の友だちがいると，うれしい気分がすることでしょう。別の文化を知り，楽しむ機会も増えることでしょう。このようなことは，国際移民との出会いがもたらしてくれる利得といえます。

しかし一方で，困ったことが起こることもあります。国際移民と

の出会いを問題視する人々もいるのです。とくに，国際移民がフランス社会のなかに拘束的関係を増大させていると主張するような人々が，増えているのです。

⟹ 社会的緊張 (1) ——イスラムのヴェール問題

「人の国際移動が意思に無関連で利益特定的な出会いを増大させている。とくに，異文化な拘束的関係を増長させている」。このような意味内容の主張が，フランス社会では頻繁になされるようになりました。さまざまな社会問題と結びつけて語られますが，ここでは国家や社会全体を挙げての大論争となったイスラム教徒女性のヴェール問題に注目しましょう。

イスラム教徒の女性が人前で，とくに男性の前でヴェールを被ることはよく知られています。しかし，ヴェールにいろいろな種類があることは，あまり知られていないのではないでしょうか。ヨーロッパ諸国で近年とくに問題になっているのが，全身を覆ってしまうようなヴェールでブルカやニカブと呼ばれるものです（**写真2.6**）。いくつかの国では公共の場での着用を禁ずる法律が制定されていますし，別の国でも制定に向けた取り組みがなされています。

フランスでまず問題になったのは，頭を覆うだけのヒジャブと呼ばれるヴェールでした。それも身につけていたのは未成年の少女です。ところが，これが大問題になりました。1989年，モロッコ系とチュニジア系の少女3名が公立中学校にヴェールを着用し登校しました。校長がその少女たちを退学処分にし，これが国を挙げての大論争を引き起こしたのです。

では，なぜそのような厳しい処分や大きな論争へと発展したのでしょうか。フランスには「ライシテ」（laïcité）と呼ばれる政教分離

写真 2.6　イスラム教徒のヴェール
　(注)　左上はブルカ，右上はチャドル，左下は
　　　　ヒジャブ，右下はニカブ。
　(出所)　AFP＝時事。

の社会的ルールがあります。そもそもフランスは 1789 年に革命を経て国民国家になっていく過程で，カトリックからの影響を排除して自国を政治的な共同体にしようとしていきました。その結果「ライシテ」が成立し，それ以降，公的な場に宗教を持ち込むことはタブーとされています。公立学校は国民を養成する公共の場と認識され，宗教的な象徴を持ち込んではならないとされたわけです。論争は 1994 年と 2003 年にも生じ，04 年には公立学校におけるスカーフ禁止令が国の法律として制定されました。

　さまざまな意見が錯綜しているものの，このように異文化を否定することは，人々との出会いを個人の意思に無関連の利益追求のためのものだと決めつけていく試みだといえます。すなわち，「イスラム教徒のような異文化の人々とは拘束的関係しか結ばない」という宣言とも解釈されるのです。あるいはイスラム教徒との出会いそのものを拒否する試みとも理解されかねません。イスラム教徒のスカーフ禁止は，「政教分離」というフランスの政治文化に固執する社会のなかで，出会いに関して亀裂をつくり出してしまったのです。

社会的緊張（2）──極右勢力の台頭

人の国際移動の活発化にともなう出会いに積極的に亀裂をつくり出そうとしているのは，極右政党・団体の活動です。そのなかでフランスにおいて最も力を持っているのは国民連合（Rassemblement National；RN）でしょう。2018年6月に国民戦線（Front National）から名称を変更した極右・ポピュリスト政党です。

写真 2.7 マリーヌ・ルペン

パリに住み始めてすぐに身につけた習慣の1つは，毎日夜8時からのニュースをテレビで見ることでした。日本でいうと NHK の7時のニュースに当たる番組が，フランスでは France 2 という放送局で Le 20 heures という番組として夜8時から放映されています。フランスでもさまざまな事件や出来事が起こり，報道されていました。牛肉を使っていると書かれていた冷凍食品に実は馬肉が使われていたとか（**第3章第1節参照**），同性愛者同士の結婚を認める法案に対して賛成するデモ集会と反対するデモ集会がそれぞれ何万人になったとか，見ていて飽きることがありません。

そのニュース番組を見ていて驚いたのは，当時，国民戦線の党首であったマリーヌ・ルペンがどうどうと出演して自分の意見を述べる姿でした（**写真 2.7**）。極右ポピュリスト政党だから主要なメディアは取り上げないはず，そんな思いこみは見事に裏切られました。その得票率の高さから，すでに国民戦線は政治のメインストリーム

に躍り出ていて，メディアも大衆も無視できなくなっていたのです。周知のとおり，2017年と22年の大統領選でルペンは，大統領候補としてエマニュエル・マクロンと競り合うほどの人気を獲得していくのですが，当時の私には知るよしもありませんでした。

　国民戦線が掲げている主張のなかで最も大衆にアピールしていたのが，移民を排除しよう，とくにイスラム教徒を排斥しようという主張です。このような過激な主張がなぜフランスで一定程度受け入れられたのでしょうか。

　フランスの政治的理想は共和主義（republicanism）です。共和主義はシャルル・ド・モンテスキューやジャン・ジャック・ルソーにまでさかのぼる政治理念ですけれども，スローガン的に展開されると次のようになります。「国民はすべて同質であり，宗教や人種などの差異を公に出すべきではない。フランス社会にはフランス文化だけがあるべきだ。異文化の場所はない」。この共和主義を背景として，極右による移民排斥という主張がフランス社会で受け入れられてしまうのです。

　こうした極右の動きは，異文化を持つ人々によって自分の意思にかかわらない非人格的で自分の利益に反するような出会いが増えてきているという認識枠組みをもたらします。すなわち，「イスラム教徒が増加したため，フランス社会に拘束的関係が蔓延している」と信じられるようになってしまうのです。このような異文化の人々との出会いを拘束的関係と見なす認識は，その出会いそのものを拒否しようという動きにもつながっていくのです。

4　グローバル化時代におけるよりよい出会いを求めて

▷ パリの出会いからの示唆

これまでに見てきたように，出会いには4種類のものがあります。そのうち，人の移動のグローバル化の結果，フランスでは出会いを拘束的関係と見なしたり，出会いそのものを拒否する社会的風潮が生まれていました。実は日本も，グローバル化を免れることはできず，多かれ少なかれフランスと類似の問題を抱えるようになっています。そんななか，どのような示唆をパリ，そしてフランスから得られるでしょうか。その示唆を，いかに人生に活かせるでしょうか。

社会で生活を営んでいる以上，人は出会いから逃れることはできません。目的限定的関係，共同体的関係，そしてときには拘束的関係さえも形成しつつ生活するしかないのです。しかしそれら3つの関係は，人々を苦しめることが多々あります。そこで，これら3つの関係をできる限り交響的関係に転換すること，そして交響的関係を増やしていくことが，人生を豊かにしてくれるでしょう。

▷ 交響的関係への転換

それでは，それら3つの関係をいかにしたら交響的関係に転換できるのでしょうか。あるいは，いかにして交響的関係を増やすことができるでしょうか（**図 2.2**）。これらは簡単なことではありませんが，グローバル化により異文化を背景に持つ人々がどんどん増加するなか，少なくとも次の3つの態度を身につけることが必要に

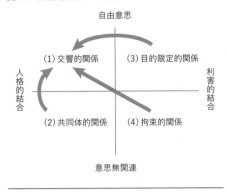

図 2.2 交響的関係への転換

自由意思

(1) 交響的関係　　(3) 目的限定的関係

人格的結合　　　　　　　　　　　利害的結合

(2) 共同体的関係　(4) 拘束的関係

意思無関連

なるでしょう。

　まず，もしある出会いが，つらい関係を生み出しているとしたら，その関係がどのタイプなのかを自覚することです。自分がはまりこんでいる関係が理解できるだけで，自分の状況を客観視でき，つらさは軽減することでしょう。その次に，出会った他者の異質さやその他者の持つ異文化を尊重することです。国境を越えてやってくる方々ですから，自分と異なっている部分があるのは当然で，それを認める努力は必要です。そして最後に，出会いに際して自分の意思や存在を大事にすることです。あまりにもつらい思いをしないように，自分を守ることも大切です。自分を否定することなく，かつ出会いを続ける工夫が必要となるでしょう。

　グローバル化によって，こうした態度の変換がますます重要になってきています。このように交響的関係への転換の可能性を示すことで，パリでの出会いの話を閉じることにしましょう。

「食」と「文化」の
グローバル化

第 **3** 章

Chapter

Quiz クイズ

Q 3.1 この世に生まれてからいままでで，印象に残るおいしかった
食べ物（または料理）を挙げてみましょう。それは日本のもの
でしょうか。それとも外国のものでしょうか。

Q 3.2 次の文の2つの括弧のなかには同じ言葉が入ります。下の語
群から1つ選んでください。
「社会学は，社会システムに照準を合わせるマクロ社会学と，
個人を分析単位とするミクロ社会学に大きく分けることができ
る。ミクロ社会学にとっての分析単位である個人は，（　　）
によって動機づけられ，（　　）充足をめざして行為すると言
い表すことができる」。
a. 規範　**b.** 機能　**c.** 価値　**d.** 欲求

Q 3.3 第2章の復習です。フランスに居住する外国人の出身国のう
ち，人数の多いほうからトップ10に入っているものは次のう
ちどれでしょう（2017年現在）。
a. セネガル　**b.** 韓国　**c.** 中国　**d.** インド

Q 3.4 一般に，イスラム教で食べてはならないとされている食物は
次のうちどれでしょう。
a. 豚肉　**b.** 牛肉　**c.** 鶏肉　**d.** うさぎ肉

Answer クイズの答え

A3.1 本書の担当編集者は，幼少の頃にシドニー郊外のイタリアンレストランで食べたラザニアが，忘れられないのだそうです。イタリア系移民が家族でやっているお店で，数年でなくなってしまったとのこと。みなさんの答えは，どのような食べ物（または料理）だったでしょうか。

A3.2　d. 欲求

社会システムがその構造を維持するための「**b. 機能**」を充足しようと作動するのに対して，個人は当該社会の「**a. 規範**」や「**c. 価値**」の制約の下で，「**d. 欲求**」に動機づけられ，その「**d. 欲求**」を充足するために行為を行うと，社会学では考えられています。

A3.3　c. 中国

c. 中国が9位を占めており，**a. セネガル**は15位で，いずれも本文で取り上げます。一方，**b. 韓国**と**d. インド**は16位以下です。インドについては本文で触れることにしましょう。

A3.4　a. 豚肉

豚肉以外の肉は，イスラム教の教義に即した加工や調理が施してあれば食べられる，とイスラム教では一般に考えられています。しかし，豚肉は加工法や調理法にかかわらず食べてはならないタブー（禁忌）です。ちなみに，ユダヤ教でも豚肉はタブーです。一方，ヒンドゥー教は牛肉をタブーにしています。

Chapter structure 本章の構成

「食」と「文化」のクエスチョン
誰が，何を食べるのか？

> 生存のための「食」
> 楽しみのための「食」
> 国際移民の「食」
> 人のグローバル化と「食」の多文化化

> グローバル化における「食」と「文化」のこれから

1 「食」と「文化」のクエスチョン

▷ 「食」と「文化」から考える社会学

　この世に生まれてからいままでで，印象に残るおいしかった食べ物（または料理）はなんでしょう。こう尋ねられたら，あなたや周りの人々は，どう答えるでしょうか。「子どもの頃にお母さんが作ってくれたカレーライス」と答える人はいるでしょうか。「先週末にレストランで食べたビーフステーキ」と答える人もいるかもしれません。あるいは，想像してみてください。もし，あなたが第二次世界大戦後すぐの食料不足のときに物心ついていたなら，アメリカから支給されたコンビーフやパイナップルの缶詰を思い浮かべるかもしれません。

　読者それぞれが，それぞれの答えを持っていることでしょう。そしてそれぞれの記憶のなかで輝いているその食べ物や料理は，外国のものかもしれません。グローバル化が進展した現代は，国境を越えてどんどんモノが入ってくる時代なので，日本の原産でないおいしいものに簡単に出会えることでしょう。

　本章では，食と文化について国際社会学の観点から考察を加えていきます。その際，2つの問いを出発点に置くことにしましょう。1つめは，とても素朴な問いです。そのおいしかった食べ物や料理をどんな理由から口にし，おいしいと思ったのでしょうか。すなわち，「私たちはなぜ食べるのだろうか」という問いです。

　次に考えるもう1つの問いは，「『食』と『文化』はどのように関係し，それによってどのような問題が生じているのか」というも

のです。両者の関係について考察するために，議論が散漫にならないようフランスに舞台を絞り論じていきましょう。なんといってもフランスは「食」の国です。「食」と「文化」を考えるには最適な場所なのです。

国際社会学は「食」と「文化」をどのように料理できるでしょうか。第2章に引き続き，私が2013年にパリ政治学院に招聘教授として滞在したときに得た，フランスとパリの「食」と「文化」に関する逸話から始めていきましょう。

⟩ **誰が，何を食べるのか？**

フランス滞在中の2013年早春，あるニュースがヨーロッパを駆けめぐりました。牛肉で作られているはずの冷凍食品に馬肉が使われていたというのです。パリの街角の有名冷凍食品店の商品からも見つかった，いつも食べているラザーニャは大丈夫なのか，ルーマニアの業者が関与しているらしいなど，フランスのニュース番組は連日取り上げていました。

このニュースを知って，パリ政治学院の授業で教えていたフランス人の学生や各国からの留学生に聞いてみたところ，馬肉を食べたことがある者はいませんでした。学生たちに「日本では九州などに名産地がある」というと，みな一様に「馬肉を食べるのか。シンジラレナイ」という反応を返しました。かなり後になって，フランスでも，アルプス山脈に近い地方でも馬肉を売る店があると聞きました。

食は人々の生き方の基本を示すものです。別の言葉を使うなら，人々の生活の中核といってもいいでしょう。何をどのように食べるかは，とくに国によって異なります。ところが同時に，食は，とて

も容易に国の国境を越えていきます。たとえば日本食は，日本の領土から海外へと渡り，いまでは無数の日本食レストランができあがっています。

　また，食は国境を越えると変容することがあります。世界各国に渡った寿司が "Sushi" となったことは，そのよい例ですね。元々の日本文化の発想からは「アボカドで海苔巻きをつくる」というカリフォルニアロールは出てこなかったでしょう。いまでは，各国でアレンジされた Sushi があるようです。

　このように，食が国境を越えたり，越えた結果，変容することを**「食のグローバル化」**と呼びましょう。人の国際移動が頻繁となった現代の世界で，食は移民とともに世界中に広まり，かつ変化していきます。このことは，さまざまな料理を楽しむことができるという意味では望ましいことでしょう。しかし一方で，緊張関係を生み出すこともあります。はたして，食のグローバル化の視角から現代社会はどのように見えてくるでしょうか。

2　生存のための「食」

▷　ファン・ゴッホの「食」

　ここで1枚の絵を見てみましょう（**写真3.1**）。ファン・ゴッホの若き日の代表作，「馬鈴薯を食べる人たち」（食卓についた5人の農民）です。暗めの部屋のなかで，5人が座っていますね。身なりを見ると，裕福ではなさそうです。何を食べているのでしょうか。どうも，じゃがいものようです。じゃがいものほかには，何もなさそうです。ゴッホはこれと同じモチーフの絵を何枚か描いているので，

写真 3.1 ゴッホ「馬鈴薯を食べる人たち」

美術館やテレビなど，どこかで目にしたことがあるかもしれません。

　ゴッホはオランダ生まれであり，この絵もオランダが舞台だったといわれています。しかし，この絵を描いた後，ゴッホはパリに移って一生懸命画家の修行をしました。そして，いまはフランスで眠っています。眠っているのはパリから西へ車で 1 時間ほど行ったオーヴェル・シュル・オワーズ（Auvers-sur-Oise）です。そこには，ゴッホが別の絵で描いたような麦畑が広がっていて，そのなかに少し大きめの墓地があります。その一角にゴッホと弟のテオが隣同士で眠っているのです（**写真 3.2**）。

　そのゴッホが描いたじゃがいもの絵は，食についてあることを示しています。たぶん貧しい農家で，食べるものはおそらくじゃがいもしかありません。ここで「なぜ私たちは食べるのか」と問うのなら，この農家にとってその答えは，「生きるため」でしょう。これが，「なぜ私たちは食べるのか」という問いに対する 1 つめの答えとなります。

▷ パリの「サラメシ」

　ゴッホの絵のじゃがいもまで極端でなくても，私たちも生きるために食べているといいたくなる場面があります。例として「サラメ

写真 3.2 ゴッホの墓

シ」を取り上げましょう。サラリーマンの昼飯を略した言葉ですが，ここでは，働いている人々の昼食を総称して「サラメシ」と呼んでおきましょう。NHK のテレビ番組の名前になっていますね。

　フランスの人々，とくにパリの人々のサラメシはどのようなものでしょう。なんとなくおしゃれなイメージを抱く人もいるかもしれませんね。もちろん，お金と時間に余裕のある人は，レストランとかブラッセリ（ビールなどお酒が楽しめる大衆的な飲食店）とかカフェへ行きます。でもそういう店に入ると，注文の仕方にもよりますけれども，簡単に日本円で 2000 円くらいはかかってしまいます。ですから，普通の人が毎日行くのは厳しいでしょう。

　とすると，みんなどうしているのでしょう。1 つの答えはパン屋を訪れることです。パリにはすごくおいしいパン屋が至るところにあります。たくさんの種類のパンが並び，サンドイッチも売っています。たとえば，**写真 3.3 上**のサンドイッチはゴマが少しついている丸いパンでおいしそうでしょう。これは日本ではほとんど買えないでしょう。なぜでしょうか。パンにはさまっている肉はフランス語でいう「カナール」（canard），日本ではあまり一般的ではない鴨

写真 3.3 カナールサンドとテイクアウトの中華料理

肉だからです。このカナールサンドはパリに滞在していた頃の私の好物でした。これを研究室に持ち帰って，本や論文やフランスの新聞「ル・モンド」（*Le monde*）を読みながら食べていたのです。カナールサンドだけで4.6ユーロだったので，当時の日本円で500円を超えていました。しかしそれでも，これがパリではかなりお得なサラメシだったのです。

パン屋以外ならどんな選択肢があるのでしょうか。たとえば**写真3.3下**のようにショーウィンドウのなかにいろいろな料理が並んでいて，好きなものを選んで量も指定して持って帰れる店もあります。これは中華料理のテイクアウトの店です。パリでも，中華料理はとても人気でした。

ところで，私たちはなぜサラメシを食べるのでしょうか。基本的には，午後も仕事をするために食べているのでしょう。ゴッホのじゃがいもほど極端ではありませんが，空腹を満たすため，栄養補給のため，少し大げさにいえば生きるために食べているのです。つまり，ゴッホの絵のじゃがいも，そしてパリのサラメシは，人々が基本的には生理的な欲求を充足するために食べていることを示しています。

「欲求充足」というのは，社会学の基本用語です。人は生きてい

くうえでさまざまなことを行っています。たとえば大学主催の公開
講座に出かけたとしましょう。公開講座に行くという「行為」は，
「学びたい」という欲求を充足するために行っていると多くの場合，
解釈できます。どんな人も，欲求を持っています。人はその欲求を
充足するために何かしらの「行為」をしようとするのです。

　ゴッホのじゃがいもやパリのサラメシは，まずは空腹を満たした
い，栄養補給をしたいという生理的な欲求を充足するために，食べ
られていました。しかし，もし「食」が生理的な欲求充足のためだ
けにあるのなら，文化とはあまり関係がない気もしてしまいますね。
生活レベルや習慣などによって食のかたちはさまざまですけれども，
じゃがいもとサラメシだけで話が終わってしまったなら，あまり文
化の香りがしません。では，どのような「食」からなら，文化の香
りが漂ってくるのでしょうか。

3　楽しみのための「食」

▷　フランスの「食」

　私にはフランス人の友人が7，8人います。フランス滞在中はそ
の友人たちによく声をかけてもらいました。ある週末のこと，友人
が家族で持っている別荘に，招いてくれました。パリから南東に電
車で1時間少し行くと，オーセール（Auxerre）という街がありま
す。その中世の雰囲気を残した街の郊外に，別荘はありました。ひ
いおじいさんの代までは農場だったそうで，豊かな緑に囲まれてい
ます。別荘は築180年という時代を感じる建物でしたが，よく手
入れがなされていて，とても快適に滞在することができました。

写真 3.4 フランスの食

　その別荘で，おいしい料理を 3 日間にわたっていただきました。
たとえば，夕食は次のように進んでいきます（**写真 3.4**）。まず友人
のお父さんが 3，4 種類の食前酒を出してくれます。私はマティー
ニをいただきました。知っている人も多いでしょうが，カクテルで
よく飲まれる，ちょっと強いお酒です。その下の写真のまな板には
フランスパンが載っています。フランス語では「バゲット」といい
ますね。お母さんがまず出してくれたのは，生ハムとメロンでした。
これがいわゆる前菜です。マティーニをちびちびやりながら，前菜，
そしてオリーブを食べるのです。さらに，マティーニを飲み終える
頃，お父さんがワインを出してくれました。20 年以上前に地元で
作られた年代物でした。

　前菜を食べ終わると，もちろん主菜（メインディッシュ）の出番で
す。その日は，「ラタトゥーユ」という野菜の煮込みでした。お母
さんによれば，南フランス由来の料理なのだそうです。加えて，地
元のソーセージとチキンも焼いてくれました。こうして野菜の煮込
み，ソーセージ，チキンを各自好きなだけ皿に盛って食べるのです。

　日本文化の感覚ではわかりづらいことですが，主菜の後に 5，6

種類のチーズを勧められました。私も知識として，フランスの人々が主菜の後によくチーズを食べることを知ってはいましたが，そのときまでなぜチーズを食べるのか，その意味がよくわかっていませんでした。「だって，かなりおなかいっぱいではないか。後のデザートが食べられなくなるじゃないか」。そんなふうに思っていたのです。しかし，この食事のとき，突然，仮説がひらめきました。チーズには乳酸菌などが多く含まれているので，消化を助けるのではないか。そんなことを思い浮かべながら，チーズをフランスパンに載せて食べてみると，すごくおいしかった。もう，癖になりそうでした。

　そして最後は，「このためにフランスの食はある」ともいわれるデザートです。お母さんの好みで，指で簡単につまめるぐらいの小さなケーキが何種類も用意されていました。みんなで順番に 1 個ずつ選んで食べるのです。カフェ（日本でいうエスプレッソ）を飲みながらケーキを 3 周ほど選んで食べると，もう大満足の境地に至るのです。

▭▷ 「構造」のある「食」

　このようにフランスの食には「構造」があります。つまりある決まった型があるのです。まず食前酒があって，前菜が出て，パンが出て，ワインが出て，そして主菜があって，チーズが出て，デザートで締める。もし，ただ単に生きていくため，あるいはただ単に栄養補給のためだったら，こんな構造は必要ありません。つまり，そこで生理的欲求以上のものを求めているから，こういうかたちになっているのです。これが，**文化**なのです。食を楽しむという欲求を充足するためにこういう決められた型，構造がつくり出されている

わけです。

　さらに，私のような客を招いて食事をすることからも，文化の香りが漂ってきます。食べながらいろいろな話をするわけですね。このときは，この別荘のあるブルゴーニュ地方がワインで有名だという話がはずんだ後，実はその辺りには極右政党の支持者が多いといった硬い政治の話題が展開していきました。

　楽しい話であれ，ちょっと硬めの話であれ，人を招いて会話をするためにも，こういった食があるのでしょう。つまり，おいしい料理を楽しむことに加え，親族や友人などと社交するという人間関係のためにも食があるといった意味で，食は**文化的欲求**を充足させるためにもあるのです。したがって，ここで取り上げた食は，ゴッホのじゃがいもや毎日のサラメシとは異なるわけです。1つ違った次元に食が向かっている，すなわち，「楽しみのための食」に向かっているのです。

4　パリにおける国際移民の「食」

　食は，国際社会学とどのように結びつくのでしょうか。すでに述べたように，国際社会学は何かが国境を越えること，そしてその結果として生じたことを対象としていました。

　モノ，お金，人，文化・情報，そして感染症や環境汚染なども国境を越えていきます。移民や外国人と呼ばれる人々は，ただその人々だけが単純に国境を越えるわけではありません。人というのは生活をする存在なので，その生活に付随して必ずいろいろなものが動きます。その最たるものが，文化でしょう。**第3節**で見たように，

図 3.1 パリの移民集住地区

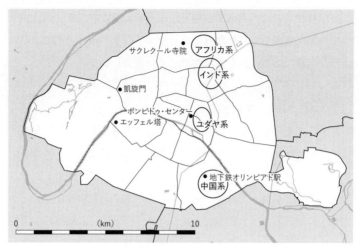

（出所）https://upload.wikimedia.org/wikipedia/commons/b/b1/Paris_department_location_
map.svg をもとに作成。

食もある側面では文化の 1 つですから，人の移動とともに食も国
境を越えることになるのです。

　世界にある他の都市と同じように，パリにも多くの移民や外国人
が移住してきました。そしていくつか集住地区がつくられました
（**図 3.1**）。パリの中心部セーヌ川の少し北，現代アートを多く展示
するポンピドゥ・センター近くのマレ地区には，ユダヤ系移民が集
まりました。そこから北上していくと観光名所のモンマルトルの丘
があります。サクレクール寺院がある有名なところです。モンマル
トルの丘を東に下っていくと，辺りは一変し，アフリカ系移民の集
住地区となります。そこを南へ下っていくと，今度はインド系移民
が集まる地区があり，そこからさらに南方へセーヌ川を越えてずっ

と行くと中国系移民の集住地区になります。

　パリにはほかにも**移民集住地区**があるのですが，ここでは上の4つの地区に着目して，私たちはなぜ食べるのか，食と文化にはどのような関係があるのかをさらに考えていきましょう。

▷　ユダヤ系──マレ地区

　まず，ユダヤ系の集まるマレ地区を訪れてみましょう。マレ地区は，いまでは観光地にもなっています。狭めの道におしゃれなブティックがあったり，スポーツ用品のアディダスのアンテナショップ，つまり新製品を置いてどれぐらい売れるか試す店もありました。ユダヤ系の地区らしいところとしては，ユダヤ系独自の職業訓練学校や，ユダヤ教の寺院であるシナゴーグがあります。

　もちろんレストランなど食べる場所もいろいろあります。私自身はレストラン関係に詳しくないので，このマレ地区だけでなく他の移民集住地区についても，『エキゾチック・パリ案内』（清岡 2012）を参考にめぐってみました。

　ユダヤ系の食堂がいくつか軒を連ねているなかで，パン屋を併設しているところに行ってみました（**写真 3.5 左**）。パンだけでなく惣菜も並べられていて，注文してから席について食べる仕組みです。

　私が選んだのは，「ハルシュキー」（halusky）でした（**写真 3.5 右**）。キャベツ，ハム，タマネギ，自家製の短いポテト・パスタなどの煮込み料理で，チェコのプラハ由来だという説があり，チェコやスロバキアでよく食べられています。チェコなど中欧にもユダヤ系の人々が住んでいるのです。この店にはありませんでしたが，ひよこ豆のコロッケのサンドイッチも，ユダヤ系の料理としてマレ地区の名物になっています。

写真 3.5 ユダヤ系の食堂とハルシュキー

　なぜ，ユダヤ系の料理がパリにあるのでしょうか。そう，人とともに料理が移動したからです。フランスには，古くは12世紀から13世紀くらいには，すでに少なからぬユダヤ系の人々が住んでいたといわれています。さらにユダヤ系の国際移動が活発になったのは20世紀初頭のことでした。このときロシア帝国でユダヤ系の虐殺があり，難を逃れるために4万人ほどがフランスに移ったといわれています。そしてもちろん第二次世界大戦中は，ナチス・ドイツによる迫害のために，東ヨーロッパなどから多くのユダヤ系が移動しました。その規模は10万人を超えるともいわれています。フランスに住んでいるユダヤ系のなかで，日本で最も有名な人の1人が画家のマルク・シャガールではないでしょうか。シャガールはパリ・オペラ座の天井画を描いたことで知られていますね。

　さて，このハルシュキー，ポテト・パスタの食感がとても素敵でした。さらに，横についてきたプリッツェルという固めのパンの表面には，ゴマがふってあるだけでなく店の名前が刻印してあり，これがとても印象的でした。このようなユダヤ系の食が，パリの移民という観点から見た食の1つめです。

▷ アフリカ系──シャトー・ルージュ〜バルベス・ロシュシュアール

　2つめの移民集住地区へ行きましょう。ユダヤ系のマレ地区よりもさらに北，観光地モンマルトルの丘から東へ下ったあたり，地下鉄の駅でいうとシャトー・ルージュやバルベス・ロシュシュアールのあたりに多くのアフリカ系が集まっています。

　わりと狭めの通りにマーケットが立っていて，活気にあふれています。日本から訪れた人なら，その怪しげな雰囲気に圧倒されることでしょう。大きな肉の塊をトラックの荷台につるして，なたのような大きなナイフで切っていたりします（**写真 3.6 左**）。そんな光景に唖然としていると，肌の色の濃い若い男たちが，腕に時計やアクセサリーなどをじゃらじゃら下げて，次々に売りに来るのです。

　そんな街でとても小さなレストランを試してみました。1階は10人くらい入ればいっぱいです。テーブルを囲んだ客は私以外，アフリカ系の人々でした。みんな私のほうをじろじろ見ています。「こいつ，ちゃんと食べられるのか」みたいな視線でした。

　私が頼んだのは「ヤサ」というセネガルの料理です（**写真 3.6 右**）。ヤサには鶏肉の入ったものと魚の入ったものがありました。私の選んだ鶏肉のヤサは「ヤサ・プーレ」と呼ばれています。魚ならば「ヤサ・ポアソン」です。鶏肉と魚を意味するフランス語をそれぞれ「ヤサ」の後ろにくっつけるわけですね。そのヤサ・プーレにライスをつけて，そしてビサップという，やはりセネガルで好まれている甘いジュースもつけました。

　このようなパリにあるアフリカ系の食も，もちろん人の国際移動がもたらしたものです。第二次世界大戦後，まずはモロッコ，アルジェリア，チュニジアというアフリカの北の端の国々（マグレブ三国）から移民がやってきました。とくに 1954 年から 62 年まで，フ

写真 3.6 アフリカ系のマーケットとセネガル料理

ランスはアルジェリアと戦争をしていました。その前後，ピエ・ノワールと呼ばれる白人系入植者を含む多くの人々がフランスへ移住したのです。またマグレブ三国だけでなく，その南にあるマリ，セネガル，マダガスカルなどからも人が移動してきて，パリのアフリカ系地区をつくり上げたのです。これらの国々は50年代から60年代までフランスの植民地でした。このような過程で，アフリカ食文化がパリに定着したのです。

▷ **インド系——シャトー・ド〜ラ・シャペル**

3つめに，インド系の移民集住地区を訪問しましょう。インド料理屋は日本にも多いので，みなさんにも親しみがあることでしょう。パリのインド料理屋は，日本のそれとどこが違うかにも注目してみましょう。

パリの各所には，パサージュと呼ばれるショッピング街があります。アーケードで覆われたパサージュは，19世紀につくられたもので，いまでも趣のある店が並び，観光客でにぎわっています。そのなかで，地下鉄シャトー・ド駅近くには，パサージュ・ブラディー（Passage Brady）というインド系の店が集まったショッピング街があります。レストランだけでなく，衣服店や雑貨屋など，インド

写真 3.7 インド系のパサージュ（左）とヒンドゥー教寺院（右上），インド風クレープ（右下）

の雰囲気満載のストリートになっています（**写真 3.7 左**）。

　パサージュ・ブラディーを出て地下鉄ラ・シャペル駅へ向かって北上していくと，その途中は，一見，ここはインドじゃないのかと思わせる雰囲気です。インドの民族衣装の店や「インディアン・ミュージックセンター」という看板を掲げたビデオ，CD，カセットテープなどを扱っている店が並んでいます。ほんのちょっと裏通りに入るとインド系の人々が集まっていました。フランスの典型的なアパートに見えながら，なかをのぞいてみるとヒンドゥー教の寺院でした（**写真 3.7 右上**）。こういった宗教施設があるということは，インド系がこのパリという街に根づいている 1 つの証拠でしょう。

　今回，私が食べたインドの食は，**写真 3.7 右下**のような料理でした。ウェイターさんに「何かお勧めはありますか」と尋ねたところ，ビリヤーニというカレーピラフのような料理を勧めてくれました。そのときはビリヤーニでは日本でもよく見ると思ったので，「ほかにお勧めはありませんか」と再度尋ねてみました。「じゃあ，これ

はどうだ」と言って出してくれたのが，この料理でした。

　クレープの上にじゃがいも，レンズ豆，卵，ひき肉が載っていて，添えてあるカレーをかけて食べます。日本でクレープというと，おやつに食べる甘いクレープを思い出すかもしれませんが，この料理はまったく甘くなく食事として食べます。さらにこのクレープ生地は米とエンドウ豆でできているそうです。クレープはフランスでも北西部のノルマンディー地方で有名ですけれども，パリのインド人街でインド料理として出されて驚きました。ともあれ，非常においしかったです。もちろん，インド料理には定番のヨーグルトの飲み物，ラッシーもつけました。

　このようなインド料理屋では，インドの出身者だけが働いているとは限りません。パキスタンやバングラデシュのような同じインド亜大陸の人々が経営していたり働いていたりする場合も多いのです。また，インド亜大陸からフランスに入国し居住している人々は，たとえばアフリカ系の人々ほど多くありません。しかし，日本でインド亜大陸出身者がとりたてて多くないにもかかわらずインド料理が目立っているように，フランスでも料理の力でインド系が目立っているという面があります。食が人々の存在感をつくり出している例だといえるでしょう。

▷　**中国系——オリンピアド周辺**

　4つめ，最後の地区を訪問しましょう。中国系の移民集住地区です。セーヌ川の北側にも，中国系の集住地区がありますけれども，今回はセーヌ川の南方の地区に注目しましょう。パリの中心部からかなり離れたところ，地下鉄オリンピアド駅が最寄り駅になります。ここは，ヨーロッパで最大の中華街だといわれています。**写真 3.8**

写真 3.8 中華街の高層ビルとタン・フレール

上を見ると，意外に思うかもしれません。高層ビルが見えますね。でも，少し歩いていくと，赤や黄の中国っぽい看板が見えてきます。大きなスーパーもいくつかあります。最も大きなものは「陳氏百貨商場」（タン・フレール）といって，倉庫のような巨大な店内にアジアの食材をたくさん揃えています（**写真 3.8 下**）。そこには，日本の食材もありました。カップラーメンなどのインスタント食品，昆布などの乾物，キッコーマンの醤油などが置いてあるのです。

　この中華街で，2つのレストランを試してみました。1つは麺の店です。店の前には行列ができていました。麺とは別添えで，もやしや香草の盛られた皿もきて，好きなだけ麺に載せて食べられます（**写真 3.9 上**）。味はすっきりしつつしっかりついているので，ビールにとても合います。この麺は米でできています。ご存じの方も多いでしょうが，フォーという麺です。ベトナムに居住する華僑や華人，すなわち中国系の人々の食の一品です。

　もう1つのレストランは，中華街のはずれにあるお店でした。そこでは名物の牛肉鍋を頼んでみました（**写真 3.9 下**）。この鍋も，ものすごくおいしかったのですが，唐辛子がたっぷりでとても辛かったです。ご飯をおかわりし，そしてビールもおかわりすることに

なりました。

　もちろん，このような中華の食も，人々が流入してパリに定着した結果です。では，なぜ中華街ができたのでしょうか。あらかじめ答えをいうと，中国系の人々はフランスとかなり関係が深いからなのですが，それはいったいなぜでしょう。

写真 3.9　ベトナム料理のフォーと牛肉鍋

　1 つめの理由は社会主義でしょう。アヘン戦争，日清戦争，義和団事件，辛亥革命，北伐といった激動の時代のなかで，多くの知識人たちが学問や政治を学ぶために中国からフランスへ渡りました。これは「留仏勤工倹学」と呼ばれます。たとえば中華人民共和国の初代首相であった周恩来が，若い頃にパリに滞在し政治活動を行っていたことはよく知られています。今回訪れたレストランにほど近いホテルの壁に，周恩来が当時滞在したことを示すプレートが貼ってありました。哲学や政治思想が発達し，革命を経験したフランスという国は，社会主義に理解のある国でもあるのです。

　さらにベトナム，ラオス，カンボジアなど，東南アジアからも多くの中国系の人々がフランスへ移動しました。いったいなぜでしょうか。それは，インドシナ半島がフランスの植民地だったことに起因します。これが 2 つめの理由です。そして，1946 年から 50 年代半ばのインドシナ戦争や 60 年代から 70 年代にかけてのベトナム

戦争が起こると，多くの人々が政治難民になりました。その人々が
どこへ逃げるかというとき，1つの有力な選択肢はフランスだった
のです。旧宗主国と**旧植民地**の歴史的な関係が中国系の人々を引き
寄せたといえます。

　1960年代当時，フランスはパリのはずれにスポーツ施設や高層
アパートなどをつくって，都市の再開発をしました。あわよくばオ
リンピックを誘致しようとも，もくろんでいました。そこでオリン
ピックにちなんで，その地区に付けられた名前が「オリンピアド」
です。ところがオリンピックの誘致にもフランス住民の移住にも，
失敗してしまいました。さて，どうしたものか。空家になるくらい
だったら安い家賃でも誰かを住まわせたいものです。そうした背景
から，多くの中国系の人々が移り住むことになりました。こういっ
た歴史的過程が中国系の食を根づかせたのでした。

5　人のグローバル化と「食」の多文化化

　これまでユダヤ系，アフリカ系，インド系，そして中国系という
4つの事例を見てきました。人の移動のグローバル化によって海外
から新たな食文化がもたらされると，次のことが顕著になっていき
ます。食，すなわち「食べること」が，自分たちがどんな人間なの
か，またどんな人々なのかを示すようになるのです。

　たとえば，読者のみなさんは，毎日どのような食事をとっている
でしょうか。日本に住み続けている人なら，夕飯ではほとんど無意
識のうちに米を主食として食べているのではないでしょうか。米だ
けなら，他のアジアの国の人々と同じかもしれませんね。でも，米

だけではなく，味噌汁も一緒に食べているのではないでしょうか。そしてときには焼き魚も一緒に食べたりするでしょう。たまには漬物も添えられるでしょうか。このような米や味噌汁や焼き魚や漬物といった組み合わせは，**日本文化**の構成要素と見なされます。とすれば，私たちはこれらを組み合わせて食べることで，無意識のうちに自分が日本文化を持っている人間だということを示しています。社会学の言葉を使うと，食は食べる人の**アイデンティティ**を規定してしまうのです。

　グローバル化が進展するなか，これが，問題になることもあります。どのような問題でしょうか。食には，人々の文化を決めつけてしまう面があり，それはグローバル化でどんどん強化される傾向にあるのです。つまり「この人は，結局こんな文化を持った人だ」と，枠を当てはめてしまう（ステレオタイプ化する）ことが，グローバル化という世界的な社会変動のなかで非常に大きな問題に発展してしまいかねないのです。とくに，社会のなかに分断をつくり出しかねないのです。

　これらの問題について，以下で考えていきましょう。

▷　**アイデンティティをめぐる「食」**

　まず，食が人々のアイデンティティと深く関係しているという話です。ユダヤ系，アフリカ系，インド系，中国系のどの集団に関しても起こりうることですが，ここでは1つ極端な例を考えてみましょう。

　写真は，タジンという料理です（**写真 3.10 上**）。その横に添えてある粉っぽいものはクスクスで，これらは，アフリカやアラブの人々がよく食べています。このときのタジンには，プルーンと玉ね

ぎと鶏肉が入っていました。実は、ウェイターさんには羊肉を頼んだつもりでしたが、私のフランス語が上手すぎて、鶏肉がきました。でも、すごくおいしかったです。

食べた場所が、少々意外かもしれません。パリには「ラ・グランド・モスケ・ドゥ・パリ」という大きなイスラム教寺院

写真 3.10 タジン鍋とイスラム教寺院（モスク）

（モスク）があり、レストランを併設しているのです（**写真 3.10 下**）。もちろんここで出される料理は、イスラム教徒が食べられるようになっています。よく知られているように、イスラム教徒は信仰上の理由でハラルフードしか食べられません（ハラルとは、神に許されたものやことを指す言葉です）。祈りながら殺生するなど、イスラム教の作法に従って調理された肉しか食べてはいけないし、豚肉やアルコールの飲食は禁じられています。ですから、この写真の料理も、もちろんハラルフードです。

別の店を見てみましょう（**写真 3.11**）。左にアラビア文字が書かれた丸いマークがついています。これは「ハラルフード」を扱っている店だということを示しているのです（日本でも、一部のお店で見ることがありますね）。ハラルの肉を売っている肉屋もあれば、ハラルのファストフード店もあります。もちろん、ハンバーガーが、ハラルだったりするのです。

このようなハラルフー
ドを食べている人は，単
に栄養補給をしているだ
けではありません。ハラ
ルフードしか食べないの
ですから，「自分たちは
イスラム教徒だ」と毎食
毎食，宣言していること
になるのです。

写真 3.11　ハラル認証を受けたファストフード店

　よく考えてみると，ハラルフードだけが特別なのではありません。
アフリカ系の料理もフランスの多数派が食べている料理も事情は同
じです。食には，自分が何者であるのかを示すために食べる，アイ
デンティティを求めて食べるという側面があるのです。別の言葉を
使えば，食べることを通じて，アイデンティティ欲求を充足してい
ることになります。自分はこういったものを食べるイスラム教徒だ
よ，と示したいがために食べているというわけです。

　もちろん普段の私たちは，アイデンティティの追求などほとんど
意識していません。しかし，毎晩，お米のご飯と味噌汁と焼き魚を
食べながら，無意識のうちに自分たちが日本文化を背負った人間だ
と示しているのです。その1つの極端な例が，ハラルフードだと
考えることができます。アメリカの社会学者アーヴィング・ゴフマ
ンの概念を用いると，ハラルフードを食べることは，イスラム教徒
として他者に承認してもらうという**自己呈示**のための行為なのです。

▷　**食による文化のステレオタイプ化**

　次に，食による文化の**ステレオタイプ化**という問題について考え

ていきましょう。先にも述べたように，「ステレオタイプ化」というのは別の言葉を使うと「枠にはめて決めつけること」です。つまり，**文化のステレオタイプ化**とは，「あなたの文化はこれこれのようでしょう」と，実情や本人の意図とは異なるものなのに信じこむことです。ときには，「あなたの文化はこうあるべきだ」と，信じこまれた文化を押しつけてしまうことにもなりえます。

写真 3.12 を見てみましょう。小さくてわかりづらいかもしれませんが，寿司と焼き鳥が写っています。これはパリの街角の日本食レストランの表に貼ってあったメニューです。パリには驚くほどたくさんの日本食レストランがあるものの，そのほとんどのメニューが「寿司と焼き鳥」です。

もちろん例外はあります。私の住んでいたアパートの近くに，白い壁に小さな入口という店構えの日本料理屋さんがありました。表にはフランス語と日本語の行書体で書かれた小さなお品書きしか貼っていなくて，いかにも高級そうでした。メニューを解読すると懐石料理で，値段を見たら 157 ユーロです。当時の 1 ユーロは，130 円ちょっとでしたから，私の給料では試す勇気は出ませんでした。

パリ政治学院の研究所で論文を書いていると，いろいろな人が部屋をのぞきにきてくれました。私とおしゃべりがしたかったのです。たとえば，「ヒデキ，昨日ね，家族で日本食を食べに行ったのよ」「何食べたの？」と聞くと，「うーんと，寿司と焼き鳥」。それも，1 人や 2 人ではありません。みんな，同じように「寿司と焼き鳥」と言ってくるのです。

もちろん，日本のことをよく知っている人もいて，寿司と焼き鳥以外の日本食にもなじんでいます。たとえば tempura（天ぷら）も，それらと並んで海外でかなり知られていることでしょう。しかし，

写真 3.12 日本食レストランのメニュー

少なくとも私がパリで出会った人々のほとんどにとっては,「日本食＝寿司と焼き鳥」となっていました。社会学用語でいう「文化のステレオタイプ化」が起こっていたわけです。

▷ 食による分断の進行

たしかに,この日本食程度のステレオタイプ化なら,あまり問題はないかもしれません。しかし,このような食のステレオタイプ化が移民・外国人に対する偏見や差別,排除や分断につながりかねないのです。

実はフランスは,食のステレオタイプ化のこのマイナスの面も経験しているのです。2012 年 2 月 18 日,大統領選候補だったマリーヌ・ルペンがフランスのリールで開催された国民戦線の党大会で「(パリを含む) イル・ド・フランス県で流通している食肉の 100% が,イスラム教の宗教儀礼で処理されたハラル肉である疑いがある」と発言しました。これを受けて当時のニコラ・サルコジ大統領が「学校の子どもたちは,宗教的出自にかかわらず同じ食卓で同じ献立の昼食をとってほしい」と発言しました。さらに,当時のフランソワ・フィヨン首相は「科学や技術や健康問題と関わりない伝統

について，諸宗教は考え直すべきだ」と言明しました。大統領選候補であったフランソワ・オランドは，大統領選の第1回投票直前のテレビ演説で「自身が当選したら，学校の食堂でハラルが認められることは決してないだろう」と発言しました。そしてこの論争は，政治家だけでなく宗教指導者などさまざまな人々や機関を巻き込んでいったのです。そして，政治家たちはイスラム教徒を念頭に発言していたにもかかわらず，ユダヤ教徒からも批判の声が多数出ました。

　この論争で，イスラム教徒が豚肉を食べないこともやり玉に上がりました。この2010年代に見られた「豚肉論争」は，古くは18世紀から繰り返し現れてきたものなのです。当時はユダヤ教徒が豚肉を食べないことが問題視されました。ユダヤ教にもカシュルートと呼ばれる食に関する規定があり，コシェルといわれる認められた食物以外を口にすることが禁じられているのです。豚肉はコシェルではないためタブー（禁忌）なのです。

　なぜ豚肉を食べないことが問題になるのでしょう。豚肉はカトリック教徒などフランスの大多数の主要な食材であり，もしユダヤ教徒が豚肉を食べないとすると「同じ食卓」を囲むことはできない。そのような者たちをフランス市民にしてよいのか。このような論争が何年にもわたって繰り広げられてきたのです。

　もちろん，豚肉を食べないという選択はイスラム教徒やユダヤ教徒のアイデンティティ形成に深く関わっています。自らの宗教に忠実であることを示し，自分たちが他の宗教信者とは異なることを示すことができるのです。しかし同時に豚肉を食べないという選択は，「同じ食卓」を囲めないから市民としてふさわしくないなどのステレオタイプ化と，それにともなう排除にもつながってしまうのです。

6 グローバル化における「食」と「文化」の これから

▷ 「食」と「文化」のダイナミクス

そろそろ本章の結論へ参りましょう。私たちには2つの問いがありました。「なぜ私たちは食べるのか」そして「『食』と『文化』の関係とはどのようなものか，それによってどのような問題が生じているか」でした。これら2つの問いを考えるために，フランスそしてパリの事例を見てきました。

まず1つめの問いに対する答えを確認しておきましょう。「食というのは欲求充足の手段の1つである」。つまり私たちは欲求を持っていて，それを満たすために何かをします。その1つの手段として食があるのです。

私たちの欲求には，生理的な欲求もあれば文化的な欲求もあります。ゴッホのじゃがいもの絵やサラメシのように，生存するために私たちは食べ物を食べます。これは生理的な欲求充足のためです。しかしそれをいったん離れて，たとえばいつもとは異なるおいしいものを食べたいとか，お祝いをしたいとか，誰かと会話を楽しみたいとか，そういった境地にまで食が及ぶと，それは文化的な欲求充足の一手段となるのです。後者の場合，食の実践はすなわち文化の実践であるということになります。つまり，食べることはすなわち文化的な活動を行っているということなのです。

文化の実践としての食が社会問題になることがあります。人が国境を越えて移動するグローバル化の時代においては，大きな問題に発展しかねません。とくに，アイデンティティをめぐる緊張が引き

起こされかねないのです。「え，あなたはこれを食べる人なの？」という疑問がたとえば，「あなたはイスラム教徒なの？」というかたちに転換するのです。さらには「あなたはこれを食べる人なの？」という驚きが「だからこの人を認めることはできない」という判断につながりかねません。つまり社会と社会，集団と集団，または移民・外国人とそれ以外の人々の間に「食」を介して社会的緊張が簡単につくり出されかねない時代となっているのです。

　そして，人の移動のグローバル化にともなって，食の実践が文化のステレオタイプ化を加速させかねません。国境はかなり低くなっていますから，日本以外の国で日本食レストランを開店することも，以前よりもずっと簡単でしょう。しかし開店が続く結果，「日本食＝寿司と焼き鳥」になりかねないのです。さらにイスラム教徒移民の増加は，ハラルフードの扱いを争点にしていきます。このような文化のステレオタイプ化は，**多文化化**した社会に緊張を生み出す可能性があるのです。これが私たちの問いの2つめ，「『食』と『文化』の関係とはどのようなものか，それによってどのような問題が生じているか」に対する答えとなります。

▷　グローバルな課題としての「食」の尊重

　最後に，このような考察から私たちはどのような示唆を得られるでしょうか。私たちは生理的欲求に従って生きていくために食べているのですから，食を尊重することはまずは私たちの身体を守ることになるでしょう。それと同時に，食は，文化の実践でもありますから，文化的な存在としての自分を尊重し，同じく文化的存在としての他者を尊重することにつながっていきます。つまり，自分たちの食を大事にすることは，自分を尊重することなのです。そして，

他の人々の食を尊重することは，他者を尊重することなのです。

　したがって，グローバル化社会における私たちの課題は次のようになるでしょう。すなわち，食べることが外国人・移民のような他者を理解することにつながるとよく自覚することです。少なくとも，食べることは他者を理解する一歩，それも重要な一歩なのだということを忘れないようにしたいものです。もちろん，苦手なもの，嫌いなものをわざわざ食べる必要はありません。たとえば，「○○料理はちょっと自分には合わない味だった」というように，人には好みが当然あります。しかしながら，ハラルフードやその認証制度のように，好みでは片づけられない多様性の問題が生じているグローバル化時代において，他者の食を尊重する態度は，これまで以上に求められていくでしょう。このようなことをフランス，そしてパリの食は，私たちに示唆してくれているのです。

コラム2　グローバル化とパンデミック　　グローバル化はどんど
ん進展すると想定されていました。いくつかの問題を抱えながらも，
国境を越える「旅」を促進し，多様な「出会い」を可能にし，「食」
を豊かにするだろうと。ところが，2019年の年末以降，想定外の
出来事が起こりました。新型コロナウイルスの世界的流行（パンデ
ミック）です。

　0.1ミクロンというきわめて微細なウイルスは，世界中で多数の
患者と死者を出し，社会生活の大半を停滞させました。人間社会が
新型ウイルスに脆弱な理由は，**第2章**で引用したカール・マルクス
の言葉が示しています。「人間的本質は，その現実性においては社
会的諸関係の総体である」。すなわち，人は他の人との「出会い」
を通じてしか存在しえない。ところがウイルスは，国境を越える
「旅」と「出会い」で広まってしまうのです。

　パンデミックは大きな困難を私たちに背負わせました。部活動や
サークル活動ができないばかりか，対面での授業さえできず，友人
や教師に会えなくてつらい思いをした学生は多いことでしょう。国
境を越える「旅」が著しく制限されたので，移民だけでなくビジネ
スや貿易は滞り，観光旅行はほぼ不可能になりました。レストラン
などの閉鎖は，「食」を楽しむ機会を奪いました。

　しかし，グローバル化にメリットとデメリットがあったように，
パンデミックにも少々のメリットがあったことでしょう。大学での
授業のオンライン化は，教育の質を高めた面もあるそうです。ビジ
ネスの場では在宅ワークが進んでワーク・ライフ・バランスが向上
した人もいることでしょう。研究者にとっては，国際学会などのオ
ンライン開催で，地理的移動のコストが節約できました。

　2023年になって，パンデミックはいちおうの終息をみせたとい
われています。しばし滞っていたグローバル化は再び進展していく
ことでしょう。そのとき，グローバル化はそれ以前と変わりないも
のなのでしょうか。私たちの「旅」「出会い」「食」をさらに豊かに
してくれるでしょうか。

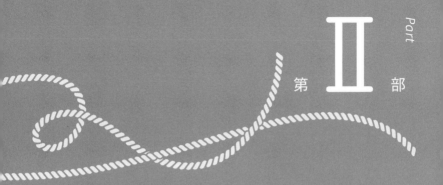

第 **Ⅱ** 部 *Part*

現代編

Chapter

「ヨーロッパ難民危機」はなぜ「危機」だったのか?

Quiz クイズ

Q4.1 2015年，シリアなどから「難民」と呼ばれる人々が多数ヨーロッパ連合（EU）の領域に流入し，社会問題になりました。その1年間で何人が流入したでしょうか。
a. 1万2000人以上　**b.** 12万人以上　**c.** 120万人以上
d. 1200万人以上

Q4.2 2015年，EUに流入した「難民」と呼ばれる人々は，EUの加盟国のうち，どの国をめざしていたでしょう。最も多くの難民申請がなされた国を答えてください。
a. ノルウェー　**b.** スイス　**c.** ウクライナ　**d.** ドイツ

Q4.3 「難民」は国際法で定義された存在です。次のうち，国際法上，「難民」と見なされる可能性が最も高いのはどれでしょう。
a. 環境難民　**b.** 条約難民　**c.** 経済難民　**d.** ネットカフェ難民

Q4.4 道徳的に劣っているとして社会的に確立した体制，それを代表する人々や諸集団を敵対視し，自分たちだけが人民を代表すると主張して他の考えを持つ人々を認めない政治的な考え方，または政治手法は，次のうちどれでしょう。
a. ネオリベラリズム　**b.** グローバリズム　**c.** ポピュリズム
d. アナキズム

Answer クイズの答え

A4.1　c. 120万人以上

シリア以外にも，アフガニスタン，イラク，コソボ，アルバニアなどから
EUへと移動していきました。

A4.2　d. ドイツ

ちなみに，a. ノルウェー，b. スイス，c. ウクライナは2015年時点でEUの
加盟国ではなく，2023年7月時点でも加盟していません。

A4.3　b. 条約難民

条約難民は，1951年難民の地位に関する条約（難民条約）の定義に当てはま
ると判断された人々のことで，「政治難民」とほぼ同じ意味で使われていま
す。a. 環境難民は環境破壊によって，b. 経済難民は経済的に困窮すること
で，住むところを失った人々を指すことが多いです。しかし，いまだ法的
な定義はなく，「難民」として保護される対象ではありません。d. ネットカ
フェ難民は，住居がなくネットカフェで寝泊まりする人々を指すことが多
いようですが，これも国際法上の「難民」ではありません。

A4.4　c. ポピュリズム（populism）

a. ネオリベラリズム（neoliberalism）とは，経済や社会保障などへの国家の
介入を最小限にし，公的領域に市場原理を貫徹することを望ましいとし，
個人の自己責任を強調する政治的な考え方とその手法のことです。b. グロー
バリズム（globalism）とは，個々の国家やローカルな地域の独自性，個々
人の生活などよりも，モノ，資金，人，文化・情報などの国境を越えた移
動と，それにともなう制度や規範の世界規模での画一化を望ましいものだ
とする考え方です。d. アナキズム（anarchism）とは，国家や宗教などの権
力や権威を否定し，対等な個人がその自由を最大限発揮しつつ社会をつく
り上げるべきだとする考え方のことです。

Chapter structure　本章の構成

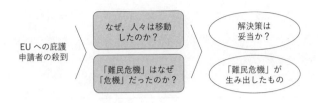

▷　「難民危機」をめぐる問い

　2015年のことです。「ヨーロッパ難民危機」と呼ばれる出来事 (以降では，「難民危機」とも表記します) が，日本においてもメディアによって大々的に報道されました。報道されたからには，よく知られているかと思いきや，意外にも何が起きていたのかを理解されていないようです。その理由は，第1に複雑で奥の深い現象であり，第2に比較的新しい事件であり，最後にある意味，現在 (2023年) も継続している出来事だからといえます。

　しかし「難民危機」は，なぜ危機だったのでしょう。この問いを国際社会学的に検討することで，難民および移民という存在がもたらす社会的影響を明らかにしましょう。

　後に見るように，「難民」(refugee) とは国際条約に基づいて受け入れ国が認定してはじめて得られる法的な地位のことです。難民になることを希望して移動する人のことは，「庇護希望者」(asylum seeker) と呼ばれます。難民の要件を満たさなかったり，そもそも難民になるつもりがないような「移民」も少なからず国境を越えていきます。そこで，本章では国境を越えて移動する人々のことを「難民・移民」という表記で示しておきましょう。そして，次の3

89

つの問いを導き手として「難民危機」に検討を加えていきましょう。1つめに,「難民危機」という名称の下でいったい何が起こったのでしょうか。2つめに,国際社会学的に見て,「難民危機」はなぜ「危機」だったのでしょうか。最後に,解決策といわれるいくつかの方策は有効なのでしょうか。

1 「難民危機」において何が起こったのか？

▷ EUへの庇護希望者の殺到

難民申請の急増

　1つめの問いから見ていきましょう。「難民危機」において何が起こったのでしょうか。まずは事実の確認からです。**図4.1**は,ヨーロッパ連合（EU）加盟国全体において2015年の1年間に行われた難民申請数を示したものです。

　これを3カ月ごとに区切ると,まず1月から3月までは18万9690件の申請があり,コソボ（26%）,シリア（16%）,アフガニスタン（7%）の出身者からの申請が多くありました。次に4月から6月には21万7455件と増え,出身国は頻繁に報道されたシリア（21%）を先頭に,アフガニスタン（13%）,アルバニア（8%）,イラク（6%）,コソボ（5%）などが占めました。7月から9月になると,難民申請数は42万2880件に跳ね上がり,シリア出身者（33%）とアフガニスタン出身者（14%）が多くなりました。10月から12月になると,難民申請数は落ち着きをみせ始め,39万245件に減少します。しかし,合計すると,2015年の難民申請数は,122万270件を数え,過去最多となったのです。

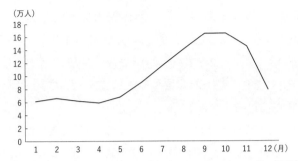

図 4.1 EU における 2015 年の難民申請数

（万人）

（出所）Eurostat（2016, http://ec.europa.eu/eurostat/web/products-datasets/-/tps00189）をもとに作成。

EU 領域内への人の大量移動

　翌 2016 年に難民申請数はさらに減少し落ち着きをみせたものの，海路でやってきた者に着目すると同年 1 月 1 日から 2 月 11 日までだけで 8 万 3201 件に上りました。このように，まず「難民危機」において何が起こったのかという問いへの 1 つめの答えは，難民・移民が大量に EU 領域内に移動したという事実になります。そしてその筆頭はシリア出身者だったのです。

▷　**新しいルートの開発**

バルカンルート

　「難民危機」という名称の下で起こったことの 2 つめは，「新しいルートの開発」でした。

　難民・移民が EU 領域内へ入るルートとして 2000 年代に入ったあたりから注目されてきたのは，「中央地中海ルート」です。アフリカ大陸の北に位置するリビアなどから，海路でイタリアへ向かう

船が多数現れるようになったのです。とくに，地中海に浮かぶイタリアの領土であるランペドゥーサ島は，イタリアのシチリアからだと220キロメートルなのに，チュニジアからは113キロメートルしかありません。イタリアからよりもアフリカ大陸からのほうが近いのです。それゆえ，EU領域へ入る「入口」として利用すべく多数の船が到着しました。

中央地中海ルートは2023年現在も難民・移民を乗せた船が少なからず移動しており，右派ポピュリスト政党の「イタリアの同胞」や「同盟」，左派ポピュリスト政党の「五つ星運動」などが渦巻くイタリアの政界が，厳しい態度をとっています。

2015年に問題になったのは，中央地中海ルートよりもバルカン半島を通るルートでした。日本では「バルカンルート」と報道されることが多いこのルートは，2つのルートがつながったものです（図4.2）。1つのルートはトルコからギリシアへ向かう「東地中海ルート」（Eastern Mediterranean route）であり，海路があります。長年トルコからヨーロッパへの道となってきました。もう1つのルートは，ギリシアやブルガリアからマケドニアなどを通りハンガリーへと陸路で向かう「西バルカンルート」（Western Balkan route）です。これら2つのルートがつながって「バルカンルート」ができあがった結果，シリアやアフガニスタンからトルコを経由し，ギリシアからEU諸国に入り，セルビア，ハンガリー，クロアチア，スロバキアなどを北上していく人の流れが形成されたのでした。

このように，2015年には，難民・移民の主な経路としてバルカンルートが新たに開発されたのです。

移動の方法と目的地

これまで難民・移民に縁の薄かった国々を大量の人々が通ってい

図 4.2 開発された「バルカンルート」

(出所) 白地図専門店 (https://freemap.jp) の白地図をもとに作成。

くことは，たしかに衝撃でした。しかしそれだけではありません。移動の方法も斬新だったのです。人々は，スマートフォンとGPSを操って，自分の位置を確かめ，他の難民・移民からも情報を得ながら国境を通り抜けられる道を探しつつ，北上していきました。

　ところで，難民・移民はどこまで行くのでしょう。2015年10月に行われた難民申請の件数を多い順に見ていくと，ドイツ（5万8135件），スウェーデン（3万8540件），オーストリア（1万2015件），イタリア（1万365件），オランダ（9965件）と並んでいます。その数から，ドイツとスウェーデンが難民・移民の最も主要な目的国だったということがわかります。

このように 2015 年に「難民危機」という名前で起こったことの2つめは，バルカンルートという新たな経路で多数の人々が EU 諸国に流入し，ドイツやスウェーデンなどをめざして北上するという現象でした。

▷ 惨　事

犠 牲 者

「難民危機」として生じたことの3つめは，数々の惨事です。

まず，移動の途上で数多くの犠牲者が出ました。なかでも，海難事故が数多く起きてしまいました。中央地中海ルートでも 2013 年10 月に数百人が死亡した事故をはじめ，ランペドゥーサ島をめざした船が多数沈み，多くの犠牲者が出ています。そのため欧州対外国境管理協力機関（FRONTEX）が地中海を監視するようになり，14 年 7 月にジャン＝クロード・ユンケル欧州委員会委員長が就任前の立候補方針演説で FRONTEX の強化に言及しました。しかし，15 年に入ってからも地中海での海難事故は頻発しました。15 年 4 月 19 日にはリビア沖で 700 名以上が死亡し，EU 首脳が対策を協議しました。ところが，同年バルカンルートが現れると，トルコとギリシア間の海路でも海難事故が頻発したのです。

多数の海難事故のなかで全世界に最も大きな衝撃を与えたのは，アラン・クルディくん（3 歳）の死亡でしょう。トルコの海岸に打ち上げられたアランくんの遺体の写真が世界中を駆けめぐり，ドイツのアンゲラ・メルケル首相（当時。以降の記述も原則として当時の役職）など，EU 加盟国の首脳の多くが難民受け入れに傾きました。

結局，エーゲ海とアドレア海において 2015 年に亡くなった人は3770 名に上りました。このように海路における死亡者のことを書

き連ねていくと，陸路ならば安全ではないかという誤解を招きそう
です。もちろん陸路なら海難事故は起こりませんが，たとえば同年
8 月 27 日にはオーストリアの高速道路で停車していたトラックの
荷台から 71 名の死体が発見されました。庇護を求めて EU 圏内に
入ってきたとおぼしき人々が，酸欠状態に陥ったのです。

テロリズムと暴行・略奪事件

　多くの難民・移民が事故で犠牲になったことだけが惨事ではあり
ません。受け入れ社会の人々にも犠牲や被害がでました。「難民危
機」が生じた 2015 年には，テロ攻撃が相次いだのです。とくにフ
ランスでは 1 月 7 日に風刺画を売りにする週刊新聞シャルリ・エ
ブド社が襲撃され，12 人が殺害されました。11 月 13 日にはパリ
同時多発テロ事件が生じています。パリ郊外のサッカースタジアム
「スタッド・ド・フランス」や，パリ市街のコンサートホール「バ
タクラン」やカフェなどが襲撃され，130 名以上の死亡者と 300 名
以上の負傷者が出ました。テロ事件後，**写真 4.1** のようにシャル
ル・ド・ゴール空港などパリの主要な場所は，物々しい警備がしか
れることになりました。

　これらのテロ攻撃は，いっけん難民・移民とは結びつかないよう
に見えるかもしれません。ところが，パリ同時多発テロ事件に関与
した容疑者のなかに，シリアからの庇護希望者だと偽って EU 域内
に入国し移動してきた者が見つかり，各国は難民受け入れに対する
態度を硬化させることになったのです。さらに庇護希望者だけでな
くそれ以外の移民一般に対しても，厳しい視線が注がれることにな
りました。難民になりたいといって入国してくるけれども偽装難民
なのではないかという疑いや，そもそも異文化の者は必要ないとい
った難民・移民に対する嫌悪が急速に表れてきたわけです。

写真 4.1 シャルル・ド・ゴール空港での警備

テロリズムに加え，2015年12月31日 大晦日の夜，新年の祝いのためにぎわうドイツ・ケルンなどの都市で，1000件以上の暴行・略奪事件が起こりました。なかでもケルンやハンブルグでは，少なくとも女性5名が暴行されました。容疑者のなかに，難民・庇護希望者がいたことが，難民・移民受け入れに対する世論が冷え込むきっかけになったのです。

2 なぜ，人々は移動したのか？

　ここで少々寄り道をして，なぜ人々が国境を越えて移動していったのか，その理由をシリアからの移動に絞って，まとめておくことにしましょう。移動の原因や促進要因を，歴史的・社会構造的な**マクロレベル**，難民・移民間などの社会的ネットワークを示す**メゾレベル**，難民・移民個人に備わった属性や能力を指す**ミクロレベル**の3つの段階に分けると，より理解が進みます。

▷　**マクロレベル──歴史・社会構造**

　まず，難民・移民を取り巻く歴史的・社会構造的なマクロレベル

の要因に着目しましょう。古くはヨーロッパの列強が中東地域を植民地化し、恣意的に国境を引いてしまったことがこの地域を不安定にしてしまったのです。たとえば、1916年のサイクス＝ピコ協定（イギリスの中東専門家マーク・サイクスとフランスの外交官フランソワ・ジョルジュ＝ピコの名前がとられています）によって、オスマン帝国の旧領土が列強間で秘密裏に分割されたことは、現在に至るまで影響を与えています。

　2015年の「難民危機」の時期に焦点を合わせると、大量移動の理由としてよく語られるのは内戦です。10年からの「アラブの春」の波を受け、11年に政権側と反体制側の間でシリア内戦が始まりました。13年8月、アサド政権の化学兵器使用が問題化した後、IS（イスラム国）がイラクからシリアへと勢力を広げ、さらにクルド系勢力も関わることで内戦は激化していきました。

　しかし、人の移動のマクロ的要因は内戦だけではありません。内戦の長期化などによる資金不足のため、国際機関やNGOによる援助が不十分になったことや、2014年末にアサド政権が徴兵を強化し予備役に兵役を強制し始めたことも、シリアからの人の流出に拍車をかけました。さらにアサド政権は、反体制側の支持者たちの流出を促進するため、パスポートの取得を容易にしたのです。シリアから出国し、トルコやレバノンに滞在していた人々が、両国の労働規制が厳しくなったために、EUへと押し出されたという事情もありました。

　もう1つのマクロ的要因は、地球温暖化をめぐるものです。温暖化の結果干ばつが生じたにもかかわらず、シリア政府が有効な農業政策を実施しませんでした。このことも、人の流れを促進することになりました。

▷ メゾレベル──社会的ネットワーク

シリアからの人の移動を説明する次のレベルは，難民・移民など移動に関わる人々の間の**社会的ネットワーク**を示すメゾレベルです。

難民・移民個人にとって，独力でEU領域まで移動するのはかなり難しいことです。そこで，誰かの助けが必要になります。まずは自分たちの親族や知り合いに助力を求めることでしょう。とはいえ，国境を越えて移動することに長けている親族や知り合いを持つ難民・移民は少数にとどまることでしょう。そこで，難民・移民が頼るのは密入国業者です。

密入国業者は，難民・移民が移動するために陸路ではトラックなどを準備し，海路では船を用意します。しかし，儲けを追求するがゆえ，業者は多人数をトラックに詰め込んだり，ゴムボートなど粗末な船をあてがったり，高額の料金を請求しているなどと頻繁に報告されています。

そのため，難民・移民にとって，密入国業者との社会的ネットワークは国境を越える移動のために不可欠なものでありながらも，リスクの大きいものでもあります。リスクの大きさという観点で最も大きな問題は，少なからぬ密入国業者が人身売買にも関わることです。移動後も難民・移民の自由を拘束し，建設・土木業や風俗業などで奴隷のように働かせる業者もいるようです。女性や子どもなどを別の業者に売ることもあります。このような人身売買は，いま世界的な問題となっています。

難民・移民同士も，社会的ネットワークを形成します。前で触れたように，難民・移民たちはスマートフォンを駆使しました。太陽光でスマホを充電し，GPSで自分の位置を確かめ，目的国までどのルートが移動しやすいか他の難民・移民と情報交換しつつ，進ん

でいきました。このように社会的ネットワークを形成する際，最新のテクノロジーを駆使したことは，これまでになかったきわめて斬新なものでした。そしてヨーロッパの人々に，シリアなどからの難民・移民の移動は止めることのできない「危機」ではないかと思わせたのでした。

▷ ミクロレベル——個人の合理的選択

　最後に，難民・移民の個人的な属性・能力や，とりまく環境に基づく個人的な**合理的選択**の過程に着目するミクロレベルにおける展開を見ていきましょう。合理的選択とは，自己の効用が最大化するよう人々が行為を選択することです。平たくいえば，自分の得になるよう何かをするということですね。

　まずは EU が，平和かつ豊かで，仕事を見つけられる可能性の大きい希望の地だと，難民・移民たちの目には映っていたことでしょう。そして主要な目的地であるドイツやスウェーデンなどでは，難民認定を受けやすいと思っていたことでしょう。

　加えて，バルカンルートが開発されたことで，国境を越える移動のコストが低下したとも難民・移民は認識したことでしょう。たしかに，海難事故が頻発した中央地中海ルートに比べれば，より安全な道のりです。とはいえ，その安全はあくまでも相対的なものでした。中央地中海ルートより短いとはいえトルコからギリシアまでには海路があり，その前後の陸路も安全とは言い切れません。むしろ，前述したように密入国業者に多額の料金を支払い，海難事故などの危険を冒して移動せざるをえないという点を考慮すると，コストはかなり高かったと思えてしまいます。

　しかし，内戦などマクロレベルの要因に直面したことで，難民・

移民はシリアからの出国を合理的に選択していきました。そして，いくつかの環境の変化が難民・移民の合理的選択を後押ししました。バルカンルートの途上にあるトルコやギリシアが難民・移民の自国通貨の使用をほぼ黙認しました。また，2015 年 6 月半ば，マケドニアは数多くやってくる難民・移民に対処するため，「移民は自国を通過し，北上してよい」と宣言して入国管理法を改正し，入国後 3 日以内に他国へ移動するのならば，非合法入国した者を拘束しないと決めたのです。

　ドイツのメルケル首相の言動も，難民・移民の合理的選択を左右しました。2015 年 7 月 15 日には「（難民）全員を受け入れたら対応できなくなる」と語り，レバノン出身でパレスチナ難民の 14 歳少女を泣かせてしまったと大きく報道されました。その後 7 月 31 日の記者会見では「ドイツは強い国だ。（難民受け入れを）非常にうまくやってきた。われわれは（難民受け入れを）できる」と語りました。9 月 4 日にはハンガリーで滞留していた難民に対して「ドイツでは政治的迫害を受けた難民の受け入れに制限はない」と宣言し，同月 7 日には「（難民受け入れを）少し誇りに思う」と述べました。これらの言動が難民・移民の合理的選択に影響を与えたことであろうことを示す出来事として，この後数日間でドイツには 1 日あたり 1 万人以上の難民・移民が流入したといわれています。

　ドイツ以外の各国首脳の態度も難民受け入れに傾き，難民・移民の合理的選択に影響を与えました。前に触れたアランくんの遺体が海岸に打ち上げられた後，フランスのオランド大統領とメルケル首相が難民受け入れのための「恒久的で義務的なメカニズム」について合意したと発表しました。イギリスのキャメロン首相も 5 年で 2 万人のシリア難民を受け入れると表明したのです。

最後に，シリア国内の状況も難民・移民の合理的選択を左右しました。すでに触れたように，シリア政府は内戦で戦うために徴兵を強化し，同時に反体制側の人々の出国を促すためにパスポート取得を容易にしました。これらも，シリア出身の難民・移民に EU への移動を選択するよう促したのです。

3　「難民危機」はなぜ「危機」だったのか？

▷　モラルパニック

　さあ，話を戻しましょう。「難民危機」は，なぜ「危機」だったのでしょうか。ここまでの考察によって，すでに解答の半分は明らかになっています。①シリアやアフガニスタンなどから EU 諸国へ向かう多人数の移動が生じ，②その移動はバルカンルートという新たな経路をつくり上げ，③犠牲者やテロ攻撃など数々の惨事と結びつきました。その結果，EU 諸国の政府，諸機関ならびに大衆がモラルパニックを起こし，「危機」がつくり上げられました。**モラルパニック** (moral panic) とは，ある出来事を社会秩序への脅威だと多数の人々が見なして表出する感情的反応のことです。大きな感情的反応が，「難民危機」を「危機」たらしめたのです。

　ところが，この解答では「危機」を半分しか説明できていません。あとの半分は，EU という超国家体のアイデンティティに関わるものなのです。

▷　2 つの社会的境界の問題

　一般に国家は，国外から流入してくる移民に対して，国民とは異

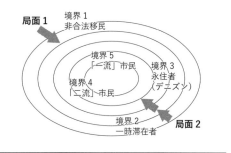

図4.3 HKTモデル

局面1
境界1
非合法移民

境界5
「一流」市民
境界4
「二流」市民
境界3
永住者
（デニズン）

境界2
一時滞在者
局面2

なるメンバーシップを設定し，それを与えることで**社会統合**を実現し，維持しようとしています。言い換えると，移民に対しては完全な市民権ではなく部分的な市民権を与えることにより，社会秩序を追求しているのです。この事情をよく表しているのが，5つの同心円によって市民権の違いを表したハマー＝小井土＝樽本モデル（the Hammar＝Koido＝Tarumoto [HKT] Model）です（**図4.3**）。

　この5つの境界を持つモデルから見ると，「難民危機」が2つの局面を持つことがわかります。局面1は，シリアなどからやってきた難民・移民が境界1を越えてEU領域内に流入するというものです。このとき「難民危機」は，難民・移民が物理的・地理的境界を越えてやってくるという事実に起因することになります。

　局面2は，難民・移民が難民申請などを認められ境界2を越え合法的な一時滞在者になれるかどうか，または条件によっては境界3を越えて永住者（デニズン）になれるかどうかというものです。もちろん国籍を取得し境界4を越えたり，境界5を越えて「二流」市民から，差別や不当な扱いを受けない「一流」市民になる過程も存在しますが，難民・移民にとってはまだかなり先の出来事となります。

　「難民危機」は，**社会的境界**という観点から見ると，こうした2つの局面で現れた問題なのです。

▷ 受け入れの難しさと境界における選別

　難民・移民が境界2と境界3を越えるということは、国家が部分的にではあれ、社会のメンバーとして難民・移民を受け入れるということです。ところが、ここには大きな困難がともないます。

　第1に、難民というのは国際法で定義された存在であり、受け入れ国が認定するまでは「難民」ではなく、「庇護希望者」でしかありません。国際連合（国連；UN）の1951年「難民の地位に関する条約」（難民条約）および67年「難民の地位に関する議定書」（難民議定書）による定義は、難民を次の4つの要件で定義しています。

　・迫害の恐怖があること。
　・迫害の理由が人種、宗教、国籍、特定の社会集団への所属または政治的意見であること。
　・国籍国の外で滞在していること。
　・国籍国からの保護を受けられないこと。

　ところが、庇護希望者のなかには上記の定義に当てはまる者もいれば、当てはまりにくい者もいるのです。「難民になりたい」といいつつも、労働目的の経済移民だったり、いわゆる偽装難民だったり、あるいはテロリストだったりするかもしれません。そこで、国家は判断に迷ったり、認定までに時間を費やしたりすることになります。

　そして、さらに大きな問題は、多くの庇護希望者が多面的な存在であることです。たとえば、政治的な庇護を求める難民としての側面と同時に、労働を目的とする経済移民であるという側面を併せ持っている人々もいるわけです。このような多面性を持つ庇護希望者のなかから、難民条約および難民議定書の定義に見合う人々を難民として認定するという困難な作業をEU諸国は担わなければならな

くなったのです。

市民権のパラドクス

第2に，**市民権のパラドクス**という問題があります。多くの移民たちに市民権を付与するとさらに多くの移民たちが流入する可能性があります。そして受け入れ社会に対するアイデンティティが希薄な移民にも市民権を付与することになりかねません。その結果，受け入れ社会が不安定になるため，市民権付与を制限せざるをえなくなるのです。

「難民危機」のような状況では国境を越えて移動してくる人々に権利を与えることが，非常に難しくなります。なぜなら，大量の人々が地理的な国境を越えてやってきて，その人々に一度に滞在許可や福祉給付などの権利を認めてしまうと，社会が不安定になる可能性があるからです。**図4.3**の HKT モデルでいえば，「難民危機」において境界1における移民の選別能力が喪失している以上，滞在の権利に関わる境界2や3での選別を厳格にせざるをえないのです。

制度的動揺

これらのモラルパニックや市民権のパラドクスは，EU の制度的動揺に結びついていきます。

EU に属する22カ国を含むヨーロッパの26カ国はシェンゲン協定（Schengen Agreement）を結び，協定国間で構成したシェンゲン域内での人々の移動の自由を保障しています（**図4.4**）。シェンゲン協定自体は1990年に締結され95年に実施されたものでしたが，域内移動を自由化する方針は57年のローマ条約にまでさかのぼります。同条約は EU の前々身であるヨーロッパ経済共同体（EEC）

図 4.4 シェンゲン域

■ EU 加盟国
■ EU 非加盟国
■ シェンゲン域外の EU 加盟国
□ シェンゲン協定加盟候補国

（出所）欧州議会，欧州委員会の図をもとに作成。

の設立を決めた条約であり，この条約では労働者に限ってではありますが，域内における人々の自由を実現することが明記されていました。すなわち，EU が人々の域内移動の自由を追求することは，それが EU にとって自らの存在理由となっているからです。いわば人の域内移動の自由は，EU のアイデンティティなのです。

　とはいえ，2015 年「難民危機」以前にも難民・移民が多数流入してきて，EU（またはヨーロッパ共同体；EC）の域内移動の自由化を脅かしたことはありました。その際，EU（または EC）はいくつかの施策を実行しています。

まずダブリン規則（Dublin Regulation）が 1990 年に調印，2003 年 EU 規則として採択，13 年に改訂され，「第一国ルール」（first country rule）が定められました。難民認定を希望する難民・移民は EU 域内ではじめに到着した加盟国で申請を行わなければならないとしたルールです。庇護希望者が難民認定を求めて EU 加盟国を次々と渡り歩くこと，すなわち「庇護ショッピング」（asylum shopping）を阻止するためです。さらに「近隣安全地域」（nearest safe area）および「安全な第三国」（safe third country）を設定し，それらの地域や国々から来た庇護希望者からの難民申請は認めないことを宣言しました。

　しかし，このような施策を実施していたにもかかわらず，2015 年には HKT モデルでいう境界 1 を突破し，EU 域内に大量の人々が流入してしまったのです。8 月 20 日にマケドニアが緊急事態宣言を出す一方，翌月の 9 月にはメルケル独首相の開放政策が世界で称賛されました。ドイツは，ダブリン規則が定めた「第一国ルール」の適用を停止し，ギリシア経由でやってきた難民・移民の申請を受け付けたのです。それらの結果，域内移動の自由化をめざすという EU のアイデンティティは脅威に曝されてしまったのです。

秩序回復をめぐるパラドクス

　このような EU アイデンティティへの脅威に対して EU がとった方策は，アイデンティティの構築・維持とは反した矛盾したものでした。

境界の復活と強化

　第 1 に，EU は，内的境界および外的境界の復活および強化を試みました。EU 内の加盟国間の国境については，これまで開いてい

たゲートを閉鎖したり，有刺鉄線などで急造のフェンスを建設した
りしました。2015年2月15日，東欧4カ国（ポーランド，チェコ，
スロバキア，ハンガリー）はギリシア国境にフェンスをつくるようマ
ケドニアに要求しています。また，境界の周辺に警察や軍を展開し
人々が境界を越えてこないようにしました。さらに，自国領域に入
ってきた難民・移民たちを特別列車に乗せ，難民・移民たちのめざ
す国の方向へと運んだりもしました。

　EUとその他の地域を区切る外的境界を強化するため，欧州委員
会は「欧州移民・難民アジェンダ」を2015年5月と9月に発表し
ました。そのなかで，欧州対外国境管理協力機関（FRONTEX）の
人員，予算，そして権限を拡充して欧州国境沿岸警備機関（略称は
同じくFRONTEX）へ改組し，EUの外的境界の警備を強化する提案
を行いました（EU MAG 2016b, 2016c）。そして，16年10月には
1500人の人員を動員可能にしたと主張しました。また，ギリシア
とトルコの境界となっているエーゲ海を，NATO（北大西洋条約機
構）の第2常設海洋グループが，人身売買業者を取り締まるという
名目で監視活動をすることにもなりました（BBC News, 2016b）。と
はいえEUの外的境界は，海が4万4000キロメートル，陸が9000
キロメートルにも及ぶのです。したがって，少々FRONTEXの組
織を拡大しNATOが関与したとしても，EUに流入する人の流れを
管理し尽くせるわけではありませんでした（堀井 2017: 107）。

難民・移民の再配置

　第2に，EUはバルカンルート上の国々に集中している難民・移
民を他のEU諸国へと再配置しようとしました。以前に決めた4万
人に加えてイタリア，ギリシア，ハンガリーに滞在していた難民・
移民12万人の再配置が決められたのは，2015年9月22日EU加

盟国の内相会議においてです。ところが内相会議は、チェコ、ハンガリー、ルーマニア、スロバキアが反対し、フィンランドが棄権するなか、多数決で決定を行いました。全会一致を基本とする同会議が、多数決で決定を行うのは異例であり、加盟国間の意見の相違を浮き彫りにしてしまいました。8月24日にメルケル独首相がすべてのシリア難民を受け入れると宣言すると、9月3日にハンガリーのオルバン首相が難民を各国に再配置することは「間違った移民政策」であり、EU外から難民・移民を「招待」することになってしまうと批判しました（Bender 2015）。チェコのソボトカ首相も同年12月「ドイツが難民危機に人道主義的な反応をしたから、不法移民がヨーロッパにやってくるのだ」とドイツを批判しました（Daily Telegraph, 2015）。

このように、内的・外的境界の復活と強化によって、難民の受け入れに関して加盟国間に不平等が存在し、EU が「中心」と「周辺」で構成されていることが明確になりました。そして、境界を復活・強化することによる秩序回復の試みは、域内移動の自由化に基づく EU 統一が弱体化するのではという懸念を引き起こしたのです。

EU＝トルコ声明

第3に、EU とトルコは 2016 年3月18日の首脳会談で、ギリシアに非合法入国した難民・移民と難民申請を却下された難民・移民をトルコへ送還する「EU＝トルコ声明」に合意し、同合意は翌々日の3月20日に発効しました。これに基づき、トルコからギリシアへ渡る難民・移民数は激減したものの、EU はトルコに借りをつくることになりました。EU は外的境界を強化し「難民危機」に対応するために、域外の国に頼らざるをえなかったのです（EU MAG 2016a）。

国民国家内部の境界の顕在化

EU に加盟する各国民国家内部の境界も，大量の人々の EU 諸国への流入によって，顕在化しました。大量の難民・移民が流入したドイツでは，受け入れに前向きになったメルケル首相に対して反対する動きが現れました。たとえばメルケル首相の属するキリスト教民主同盟（CDU）の姉妹政党であり，ともに連立政権を組んできたキリスト教社会同盟（CSU）のゼーホーファー党首が受け入れ政策の修正を公言しました。2017 年の総選挙をひかえて，同党首が州首相を務めるバイエルン州の選挙結果を懸念した結果です。メルケル内閣の閣内においても，ショイブレ財務相はメルケル首相の受け入れ政策を暗に批判したと話題になりました（Financial Times, Novemver 12, 2015）。

さらに国民国家内部で顕著になったのは，反移民・反難民を叫ぶ極右政党および極右勢力とそれ以外の人々・集団を区切る境界です。

まず，**表 4.1** が示すようにヨーロッパ諸国には多くのポピュリスト政党が現れました。ポピュリズム（populism）とは，道徳的に劣っているとして社会的に確立した体制，それを代表する人々や諸集団（エスタブリッシュメント）を敵対視し，自分たちだけが人民を代表すると主張して，他の考えを持つ人々や諸集団を認めない政治的な考え方，そしてそれに基づく政治手法です。ギリシアの急進左派進歩連合など少数の左翼政党を除いて，どの政党も反 EU とともに反移民・反難民を主張して得票を伸ばしてきました。たとえば，ドイツの「ドイツのための選択肢」（AfD）は 2013 年の結党以来，徐々に勢力を伸ばしていたとはいえ，15 年の「難民危機」後の伸びにはめざましいものがありました。16 年 3 月の州議会選挙でバーデン＝ヴュルテンベルク州，ラインラント＝プファルツ州，ザク

表4.1 ヨーロッパ諸国の主要なポピュリスト政党（2015年前後に活動したもの）——

国　名	党　名
イギリス	イギリス国民党（BNP），イギリス独立党（UKIP）
フランス	国民戦線（FN，現国民連合〔RN〕）
ドイツ	ドイツのための選択肢（AfD）
イタリア	北部同盟（現同盟〔Lega〕），五つ星運動（M5S）
オーストリア	自由党（FPÖ）
オランダ	自由党（PVV）
スイス	国民党（SUP, PPS, UDC）
スペイン	ポデモス（Podemos），ボックス（VOX）
デンマーク	国民党（DF）
スウェーデン	民主党（SD）
フィンランド	真のフィンランド人（PS）
ノルウェー	進歩党（FrP）
ギリシア	黄金の夜明け（Golden Dawn），急進左派連合（SYRIZA）
ハンガリー	フィデス（Fidesz），ヨッビク（Jobbik）
ポーランド	法と正義（PiS），クキス'15（Kukiz'15）
チェコ	公共（VV），「自由と直接民主主義」（SPD），ANO2011

（出所）Guardian, BBC News などをもとに作成。

セン＝アンハルト州の議席を獲得し（DW 2016），17年9月の総選挙ではCDU/CSU，SPDに次ぐ12.6％の得票を得て，連邦議会に議席を得るまでになったのです（BBC News 2017）。

　また，フランス国民連合（RN；旧国民戦線）も党勢を伸ばしています。その党首マリーヌ・ルペン（**第2章写真2.7**を参照）は，2015年の2年後の17年，そして22年の大統領選挙の決戦投票に残り，共和国前進のエマニュエル・マクロンと一騎打ちを演じるほどにもなりました。

　さらに，選挙での勝利や議会活動を主目的とはしない極右集団・運動が盛んになりました。最も有名なものはドイツで活動している

ペギーダ（Pegida；西洋のイスラム化に反対する欧州愛国主義者）でしょう。ドイツ各地ではほかにもベルリンのベルギーダ，バイエルンのバギーダ，ミュンヘンのミューギダなど，多くの団体が反イスラム・反移民・反難民を掲げてデモや集会などを繰り広げています。

　加えて，必ずしも極右政党・集団・運動につながりを持たない人々も，難民・移民の住居への放火や敵対的な落書きなどの攻撃を行ったといわれています。かつて消防隊員だった者が，仕事で得た知識を使ってシリア難民の滞在している建物の火災報知器を切り，屋根に上って火をつけるという事件もありました。前年の2014年の5倍に当たる1005件が攻撃として登録され，当局はそのうち901件が極右イデオロギーに動機づけられていたと見ています。

　このような極右政党・集団・運動などの展開は，国民国家内の境界を顕在化させ，社会における緊張を生産し増大させているのです。

4　解決策は妥当か？

▷　難民受け入れの潜在能力？

　「難民危機」への対処として，EUは内的国境および外的国境の構築・復活を試みましたが，ほかにもさまざまな論者たちからいくつかの解決策が提言されました。そのうち，読者の方々が説得力を感じるであろう2つについて検討してみましょう。

　第1に，EU加盟国は増大したのだから，特別な配慮はしなくても流入してきた難民・移民を受け入れることは可能だ，という主張がありました。この主張は，「難民危機」は実質的な危機というよりも恐れる根拠に乏しいモラルパニックにすぎない，という含意を

持っています。

　先述のように，ヨーロッパに大量の難民・移民が流入した機会は過去にも何度かありました。1991 年のボスニア紛争では約 67 万人の庇護希望者がやってきました。このとき旧 EC 加盟国は 12 カ国でした。2001 年にはコソボ紛争が起こっています。このときは 42 万人が旧 EC 領域内へ移動したのですが，加盟 15 カ国で受け入れました。13 年からは中央地中海ルートを経由して流入する難民・移民が急増したものの，加盟 28 カ国で対応しました。15 年の「難民危機」では前述したように 100 万人以上がシリアなどからやってきたわけですが，すでに 28 カ国に拡大した EU ならば十分受け入れられるだろうというのです（遠藤 2015）。

　しかし，EU 拡大により難民受け入れ能力が増大している，という考えには，検討を加える必要があるでしょう。EU の拡大自体が「難民危機」という事態を「危機」たらしめている遠因だからです。

　というのも，第 1 に，東欧諸国が EU に加盟したからこそバルカンルートが成立可能となり，より多くの難民・移民が EU 領域に流入できるようになったのでした。第 2 に，新加盟した東欧諸国は難民受け入れの経験に乏しく，それゆえ難民を受け入れようという規範を十分持っていません。第 3 に，EU が拡大したがゆえに，EU 加盟国間の不平等が生み出された点も見逃せません。とくに，難民・移民がめざす目的国など少なからぬ難民・移民を受け入れようとしている国と，できる限り難民・移民を拒否したいバルカンルート上の通過国の間で，難民・移民への対処をめぐる対立が露呈したのです。

　このように，EU が拡大したがゆえに EU 内部の亀裂，すなわち境界顕在化の基礎がつくられてしまったのです。そして EU の統一，

秩序そしてアイデンティティに関する危機の下地をつくってしまっ
たわけです。

難民受け入れのネオリベラルな転回？

　もう1つ，解決策としてよく主張されたのは，「経済的に有用だ
から難民を受け入れるべきだ」というネオリベラル的なものです。
少子高齢化によって経済や年金制度の将来が危ぶまれるなか，難民
を労働力として受け入れようという考えには説得力があると思われ
るかもしれません。ところが，そこには落とし穴があります。

　少なくとも，2つの問題点があるでしょう。第1に，経済的に有
用だから難民を受け入れようという解決策は，すぐさま有用でなけ
れば難民を受け入れないのかという問いを引き起こすでしょう。と
ころが，難民のなかには子どもや女性，教育機会や就労機会を母国
で十分得られなかった者が数多く含まれています。また，少なから
ぬ難民・移民が，母国の悲惨な状況や過酷な旅などのために精神的
なものも含めて病気を患っています。そのような「経済的に有用と
はいいにくい難民」を受け入れなくてよいのでしょうか。

　第2に，難民受け入れの根拠に経済的合理性を持ち出すことで，
受け入れに尽力する人々の人道主義的な動機を奪ってしまう可能性
があります。難民支援をしている人々の大多数は不遇な人々を助け
るためにそれを行っているのです。そこに，「労働力として役立つ
から」難民を受け入れようなど経済的な根拠を持ち出してしまうと，
難民支援をしている人々の目標と反し，その人々のやる気をそいで
しまいかねないのです。これを「難民支援の逆説」と呼んでおきま
しょう。

　「難民支援の逆説」ゆえ，経済的に有用だから難民を受け入れよ

うというネオリベラル的な解決策は受け入れを促進する可能性を持ちながらも，逆に，難民・移民を過度に選別し，全体として受け入れを抑止してしまう面も持っています。すなわち「諸刃の剣」であるといえるでしょう。したがって，難民受け入れはネオリベラルな根拠に頼るのではなく，人道主義的な根拠を堅持しつつ，さらに強化していく方向で考えるべきなのです。

▷ 「難民危機」を生み出したもの

　最後に，2015 年に生じた「難民危機」がなぜ危機といえるのか，国際社会学的な含意を中心にまとめておきましょう。シリアなどから多数の人々が EU 域内に流入したことは，次のような事態を活性化させていきました。

　第 1 に，前述した HKT モデルの境界 1，そして境界 2 および 3 に対応した問題として，多数の人々が地理的な境界を越えてくることでモラルパニックが沸き起こり，またその移動してきた人々にいかに滞在許可を与えるかという困難が生じました。第 2 に，難民・移民の取り扱いに関して EU 諸国間の境界を顕在化させ，EU の統一およびアイデンティティを脅かしました。最後に，極右政党・運動が伸張したことに見られるように，各 EU 加盟国の内部，すなわち各国民国家内部の境界を浮き彫りにしました。

　2015 年，EU 領域内に大量の難民・移民が流入し，新しいルートが開発され，多くの惨事が起こったことで，さまざまな「境界」が出現，かつ交錯し，諸国家や人々は分断されていきました。こうして「ヨーロッパ難民危機」は「危機」となったのです。

日本は移民を受け入れるべきなのか？

Quiz クイズ

Q 5.1 少子高齢化問題を論じるためによく出てくる指標として，合計特殊出生率（total fertility rate；TFR）があります。15 歳から 49 歳までの女性の年齢別の出生率を合計したもので，女性 1 人が一生のうちに産む子どもの数にほぼ等しく，2.1 を下回ると人口は自然減に向かうといわれています。1990 年，日本において少子高齢化が本格的に社会問題として認識され対策が検討され始めたのは，合計特殊出生率がいくつになったときでしょう。
a. 1.26　**b.** 1.57　**c.** 2.09　**d.** 4.5

Q 5.2 世界全体で見ると，自国以外の国で滞在する移民数は 1960 年時点で約 7188 万人でした。55 年後の 2015 年には何人になったでしょうか。それは 1960 年の何倍でしょうか。
a. 約 9372 万人（1.3 倍）　**b.** 約 1 億 5227 万人（2.1 倍）
c. 約 1 億 9079 万人（2.7 倍）　**d.** 約 2 億 4319 万人（3.4 倍）

Q 5.3 復習です。日本に在留している外国人は，どの国・地域から来ているでしょうか。多いほうからトップ 10 の国・地域を並べてみましょう。ただし，ここでいう「地域」とは，日本が国として認定していない台湾を念頭に置いた呼び方です。

Answer クイズの答え

A5.1　b. 1.57

1989 年の合計特殊出生率が 1.57 と，丙 午の 66（昭和 41）年の 1.58 を下回り，「1.57 ショック」と呼ばれました。**a.** 合計特殊出生率 1.26 は，日本が2005（平成 17）年に経験した値で，21（令和 3）年までで最小の値です。**c.** 問題文で書いたように，合計特殊出生率 2.09 以下で人口が自然減に向かいます。**d.** 第 1 次ベビーブームの 1947（昭和 22）年から 49（昭和 24）年までは，合計特殊出生率が 4.3 を超えていたといわれています。

A5.2　d. 約 2 億 4319 万人（3.4 倍）

a. 約 9372 万人（1.3 倍）は 1980 年，**b.** 約 1 億 5227 万人（2.1 倍）は 90 年，**c.** 約 1 億 9079 万人（2.7 倍）は 2000 年の数値です（World Bank 2020）。

A5.3　2021 年現在，日本に在留している外国人の出身国・地域のトップ10 は以下のようになります（法務省出入国在留管理庁 2022。括弧内は在留外国人全体に占める割合）。

（1）中国 71 万 6606 人（26.0%）　（2）ベトナム 43 万 2934 人（15.7%）
（3）韓国 40 万 9855 人（14.8%）　（4）フィリピン 27 万 6615 人（10.0%）
（5）ブラジル 20 万 4879 人（7.4%）　（6）ネパール 9 万 7109 人（3.5%）
（7）インドネシア 5 万 9820 人（2.2%）　（8）アメリカ合衆国　5 万 4162人（2.0%）　（9）台湾 5 万 1191 人（1.9%）　（10）タイ 5 万 324 人（1.8%）
ベトナムやネパールの多さは意外かもしれません。

Chapter structure 本章の構成

移民受け入れは人口減少を改善するのか？

移民が増えると治安は悪化するのか？

いま日本は移民を受け入れていないのか？

「人口減少か移民受け入れか」ではない

⇒ **国際移民と「思いこみ」**

国際移民という事象には，素朴な思いこみがまとわりつくことが多いようです。そのような思いこみは，やがて大きな社会問題のもとになることがあるので，1つひとつ確認しておいたほうがよいはずです。しかし研究者でもない限り，そうした思いこみに自ら気づくことはなかなか難しいことでしょう。

いやいや，たとえ研究者であったとしても，国際社会学を専門にしていないとそうした思いこみに絡め取られてしまうこともあるようです。もう何年も前のことですが，ある新聞に著名な社会学者のインタビュー記事が掲載され，その内容が大きな波紋を広げたことがありました。私も掲載後すぐに読み，「これはよくない」と即座に思ったことをよく覚えています。というのもその記事が，多くの読者に国際移民に関わる思いこみを持たせてしまうのではないか，という懸念を持ったからです。

この新聞記事というのは，インタビューをもとにしたいわゆる「聞き書き」でかつ非常に短いものだったので，不備を指摘しても挙げ足取りになりかねません。しかし，それでも国際移民に関わる思いこみを読者に助長する可能性が高いと，そのときは心配せざるをえませんでした。

記事のすべてを引用するわけにもいきませんから，ここではその概要のみを紹介しましょう。その記事は，3つの部分で構成されていました。

第1に，人口減少を経験している日本社会の現状が語られています。要点は，①日本は転機に直面しており，人口の維持が必要になっている。②子どもの出生では人口は増えない（人口は「自然増」しない）。③そこで人口を維持するためには，移民を受け入れる（人

117

口の「社会増」をめざす）しかない，となっています。

　第2の部分では国際移民への懸念について触れられています。すなわち，①単一民族神話の残る日本は，大量の移民の受け入れが引き起こす社会的不公正や抑圧や治安悪化に耐えられない。②そこで，日本は人口減少と衰退を引き受けるべきである。

　そして第3の部分で，現実に向き合い「みんな平等に，緩やかに貧しくなろう」と主張され，衰退の引き受け方の話が続いていくのです。

　本書の趣旨に照らし，ここでは国際移民に関連した第1と第2の部分に主に着目してみましょう。先に書いたように「挙げ足取り」のような批判は避けて，読者が「思いこみ」をしやすい次の3点のみを確認していきたいと思います。第1に，「移民受け入れは人口減少を改善するのか？」という点です。第2の点は，「移民の増加が社会的不公正や抑圧や治安悪化を引き起こすのか？」というものです。そして最後に，「現在の日本は移民を受け入れていないのか？」という点です。これらについて順番に確認していきたいと思います。

1　移民受け入れは人口減少を改善するのか？

▷　人口減少の何が問題なのか？

　第1に確認すべきは，「移民受け入れが人口減少を改善するのか？」という点です。この点のどこが思いこみなのかと，不思議に思っている方がいるかもしれません。その不思議に答えるためには「**人口減少**」とは何か，人口減少の何が問題なのかを考えておかな

くてはなりません。人口減少といっても，日本に居住する人々が一様に減少することは必ずしも「問題」と見なされないでしょう。「**少子高齢化**」問題とよく称されるように，人口減少で最も問題と見なされているのは，高齢者を支える若い世代の人々が減ってしまうという事態なのです。

　高齢者を支えるために，どれだけの若い世代が必要なのでしょうか。さまざまな考え方がありますが，ここでは「65歳以上の高齢者1人を，15歳から64歳までの3人で支える」という比率を想定しておきましょう。すなわち，

$$\frac{65\,歳以上}{15\,歳から\,64\,歳} = \frac{1}{3}$$

を日本社会でいかに維持するか，という問題の立て方をしておきましょう。このとき，はたして15歳から64歳までの比較的若い移民を何人受け入れれば，上記の「1対3」の割合を維持することができるのでしょうか。

▷　人口の推計と移民受け入れのシナリオ

　社会の人口が将来何人になるかを推計することは，簡単そうで実はかなり難しいことです。ましてや何人の移民が必要か推計するのは，さらに難しいことになります。この推計を考えるために，国際連合（国連；UN）経済社会局人口部が2001年に発表した報告書『補充移民』（Replacement Migration）を参考にしましょう。この報告書は，「移民を補充することが人口減少や高齢化の解決策になるのか？」という問いを立て，フランス，ドイツ，イタリア，韓国，ロシア，イギリス，アメリカ，ヨーロッパ47諸国全体，ヨーロッパ連合（EU），そして日本を対象に考察しています。そして，移民

受け入れを行う場合と行わない場合などで**人口変動**がどうなるかを予測し，5 つのシナリオを立てているのです。

シナリオ I　中位推計 (medium variant)

　国連『世界人口予想 1998 年改定版』の中位推計に基づいたシナリオ。

シナリオ II　移民受け入れをしない場合の中位推計

　1998 年改訂版の中位推計に基づき，1995 年以降移民を受け入れないと仮定したシナリオ。

シナリオ III　総人口の維持

　1995 年以降，移民受け入れをせず到達する最も多い総人口を考え，その総人口を維持するために必要な移民数を計算したシナリオ。

シナリオ IV　15 歳から 64 歳までの人口を維持

　1995 年以降，移民受け入れをせず最も多くなる 15 歳から 64 歳までの人口（生産年齢人口）を考え，それを維持するために必要な移民数を計算したシナリオ。

シナリオ V　65 歳以上に対する 15 歳から 64 歳までの人口の比率を 3.0 以上に維持

　65 歳以上の人口に対する生産年齢人口の比率（潜在扶養率〔potential support ratio；PSR〕）を 3.0 以上に維持するために必要な移民数を計算したシナリオ。

シナリオ VI　1995 年以降で最も高かった 65 歳以上に対する 15 歳から 64 歳までの人口の比率を維持

　1995 年以降，移民受け入れをせず最も高くなった PSR を維持するために必要な移民数を計算したシナリオ。

以上のシナリオのうち，「65 歳以上の高齢者 1 人を，15 歳から 64 歳までの 3 人で支える」という考えに合うのはシナリオ V です。はたして何人の若い移民を受け入れると，このシナリオは実現するのでしょうか。

　この問いに答えたのが，**表 5.1** です。各国の状況が並ぶなか，シナリオ V の日本の部分を見ると，年平均 172 万 4000 人を受け入れなければ潜在扶養率 3.0 を維持できないことがわかります。札幌市の人口が約 197.0 万人（2023 年 2 月 1 日時点）ですから，毎年札幌市の人口に届きそうな数の移民を受け入れることで，ようやく「65 歳以上の高齢者 1 人を，15 歳から 64 歳までの 3 人で支える」ことが可能になると推定されているわけです。他国の移民受け入れ数と比べても，日本が受け入れなければならない移民の多さが目を引きます。

　ちなみに**表 5.2** は，2050 年時点における総人口に占める移民人口の割合の推計を，国・地域別およびシナリオ別に示したものです。シナリオ V に基づいて 172 万 4000 人の移民を毎年受け入れることで，日本における総人口に占める移民の割合は 54.2% に達すると推定されています。つまり，総人口の半分以上が移民で構成されることになるわけです。このような巨大な人口変動を引き起こしてしまうことを考えると，移民受け入れだけで人口減少を食い止めることには疑問符が付けられてしまうでしょう。

もう 1 つの人口推計

　しかし，前にも述べたように人口動向の正確な推計は非常に難しいわけですから，複数の推計結果を見比べるべきでしょう。国連の推計よりも緩やかに人口が減少するのであれば，移民の受け入れ数

表 5.1 人口維持のために必要な移民数（1995 年–2005 年，年平均，千人）───────

シナリオ	I	II	III	IV	V	VI
	中位推計	中位推計 移民なし	総人口 維持	15–64歳の 人口維持	PSR 3.0 以上	PSR 維持
フランス	10	0	27	99	292	1705
ドイツ	207	0	324	458	736	3427
イタリア	12	0	235	357	638	2176
日　本	0	0	312	609	1724	10064
韓　国	−8	0	27	117	211	93617
ロシア	135	0	508	650	484	4675
イギリス	22	0	48	114	249	1087
アメリカ	760	0	116	327	816	10777
ヨーロッパ諸国	428	0	1821	2934	4274	25203
Ｅ　Ｕ	297	0	863	1447	2794	12736

（注）「維持」とは 1995 年と同じ値をとること。
（出所）UN（2001: 24）.

表 5.2 総人口に対する移民の割合の推計（%，2050 年時点）───────

シナリオ	I	II	III	IV	V	VI
	中位推計	中位推計 移民なし	総人口 維持	15–64歳の 人口維持	PSR 3.0 以上	PSR 維持
フランス	0.9	0.0	2.9	11.6	27.4	68.3
ドイツ	19.8	0.0	28.0	36.1	48.1	80.3
イタリア	1.2	0.0	29.0	38.7	53.4	79.0
日　本	0.0	0.0	17.7	30.4	54.2	87.2
韓　国	−0.9	0.0	3.2	13.9	21.3	99.2
ロシア	5.8	0.0	22.9	27.6	20.2	71.9
イギリス	1.9	0.0	5.5	13.6	25.3	59.2
アメリカ	16.8	0.0	2.5	7.9	17.4	72.7
ヨーロッパ諸国	4.3	0.0	17.5	25.8	32.8	74.4
Ｅ　Ｕ	6.2	0.0	16.5	25.7	40.2	74.7

（注）「維持」とは 1995 年と同じ値をとること。
（出所）UN（2001: 28）.

は少なくて済む可能性があります。

　厚生労働省に設置された国立社会保障・人口問題研究所は，定期的に日本の人口動向について調査および推計をしています。2017年4月には「日本の将来推計人口（平成29年推計）」を発表しました（**図5.1**）。この報告は，65年の人口が約8808万人に減少すると推計するとともに，65年と2115年における外国人・移民の入国数と日本の総人口および65歳以上の老年人口割合も推計しています。その結果，「65歳以上の高齢者1人を15歳から64歳までの3人で支える」には，毎年約50万人の外国人・移民を受け入れる必要があることを示しているのです。もし移民を毎年約50万人受け入れるとすると，2065年と2115年における老年人口割合は，それぞれ30.6% および31.4% になるとも推計されています。

　このように国立社会保障・人口問題研究所による人口減少の推計は，国連の推計と比べると緩やかなものです。「65歳以上の高齢者1人を15歳から64歳までの3人で支える」ために国連の推計で毎年172万4000人必要とされた移民受け入れが，同研究所の推計では3分の1弱の約50万人の受け入れで十分だと理解されるからです。しかし，この毎年約50万人という数字も先ほどの札幌市の人口197.0万人と比較するならば，4年で札幌市が1つできあがる程度の移民受け入れが，人口減少を食い止めるために必要であることを意味します。これほど多くの移民を受け入れることが，現実的で実行可能なのでしょうか。

　このように，高齢者の扶養という観点から人口減少と移民の受け入れとの関係を考えてきました。人口推計の難しさを差し引いても，移民を受け入れることだけで人口バランスを維持するのはかなり難しいのです。ましてや改善することは，もっと難しいことです。

図 5.1 日本の将来推計人口に関する新聞記事

（出所）北海道新聞 2017 年 4 月 11 日掲載。

2 　移民が増えると治安は悪化するのか？

アメリカとカナダにおける殺人率

　確認すべき 2 つめの問いに移りましょう。移民の増加は，**社会的不公正**や**抑圧**や**治安悪化**を引き起こすのでしょうか。別の言葉を使うと，移民の増加は社会秩序を乱すのでしょうか。この問いに答えるには，慎重な検討を要するのですが，ここでは簡潔な例を 1 つだけ挙げて検討のための糸口を提供しておきましょう。

表 5.3 　アメリカとカナダにおける移民人口と殺人発生率 ───────────

	移民人口	殺人件数（10 万人当たり）
アメリカ	4373.9 万人（全人口の約 13.5%）	5.32 人（65 位/174 国）
カナダ	771.4 万人（全人口の約 21%）	1.80 人（109 位/174 国）

(注) データはすべて 2017 年現在。
(出所) Global Note (n.d.); OECD (2019); UNODC (n.d.) をもとに作成。

───

　少なからぬ移民を受け入れている社会の例として，アメリカとカ
ナダが挙げられます。両国における移民人口と，社会的不公正や抑
圧や治安悪化との関係を比較してみましょう。まず，一言で「社会
的不公正」「抑圧」「治安悪化」といっても，何を指しているのか曖
昧すぎてよくわかりません。そこで，ここでは「治安悪化」の指標
としてどんな方々にも納得していただけるであろう「殺人発生率」
に注目してみたいと思います。具体的には，10 万人当たりの年間
殺人件数を両国で比較するのです。また，比較をするときには「移
民」とは誰を指すのかも問題となります。ここでは「外国生まれの
居住者」と考えておきましょう。

　表 5.3 が示すように，殺人発生率はアメリカのほうが高くなって
います。カナダでは 10 万人当たり 1.80 人が被害に遭っているのに
対して，アメリカでは 5.32 人です。ちなみにこの殺人発生率は高
い国から数えて，カナダが 174 カ国中 109 位であったのに対して，
アメリカは 65 位となっています。

　一方，移民人口はカナダよりもアメリカのほうが多いようです。
カナダが 771 万人であるのに対して，アメリカは 4374 万人ですか
ら，5.6 倍以上です。ということは，移民人口の多いアメリカのほ
うが殺人発生率は高いのだから，移民が多いと治安は悪化するよう

に数字上では見えてきます。

　ここで一度立ち止まって，よく考えてみましょう。「移民の増加」を，単に移民の実数の大きさと考えてもよいのでしょうか。たとえば極端な例として，100人の移民が人口100万人の社会に流入する場合と，同じ100人の移民が人口1000人の社会に流入する場合を想像してみてください。同じ人数の移民が流入したとしても，人口の大きな社会と小さな社会では，その意味合いも影響も異なることでしょう。そこで「移民の増加」をより深く考察するために，その社会の全人口における移民人口の割合を計算してみましょう。すると移民人口の割合は，アメリカが約13.5%であるのに対して，カナダは約21%となります。すなわち得られた数値は，移民人口の割合のより高いカナダのほうが，殺人発生率が低いことを示しています。とすると，移民の割合が多いからといって必ずしも治安は悪化しないという可能性があるわけです。

▷ **移民増加と治安悪化の曖昧さ**

　以上のように簡単に考察するだけで，移民の増加が社会的不公正や抑圧や治安悪化を引き起こすかどうかは，慎重に検討すべき問題であることがわかります。もちろん，さらに深い考察が必要でしょう。「増加率」を見るべきかもしれません。また引き続きアメリカとカナダの例でいえば，両国それぞれの都市間で，移民数と，社会的不公正や抑圧や治安悪化との関係を確かめてみるのもよいでしょう。それも，両国の国境近くに位置する都市を比較するのがよいかもしれません。たとえば，シアトルとバンクーバー，デトロイトとトロント，クリーブランドとモントリオールなどをそれぞれ比較検討するというものです。移民人口の多さと，犯罪数など治安状況と

の関係は，2つの都市間でかなり異なっている可能性があります。

　ほかにも，治安状況に関わる変数を考察する必要があるでしょう。重要なものの1つが，当該社会で実施されている社会統合政策，すなわち移民とマジョリティを社会にまとめるための政策です。そのような統合政策が実施されているかどうかは，移民の実数や割合を飛び越えて，治安を左右している可能性があります。いずれにしても，移民の増加がすぐさま社会的不公正や抑圧や治安悪化をもたらすとは断言できないことを強調しておきましょう。移民受け入れと社会秩序との関係は，今後さらに検討を要する学術的・実践的問題なのです。

3 いま日本は移民を受け入れていないのか?

外国人労働者の急増

　最後に，確認すべき問いの3つめを見ていきましょう。本章冒頭に紹介したインタビュー記事に「大量の移民受け入れに日本は耐えられない」という記述がありましたが，みなさんは日本がどのくらいの移民をすでに受け入れているのか，ご存じでしょうか。読者のなかには「日本は移民を受け入れていないだろう」という「思いこみ」を持っている人がいるかもしれません。日本政府が「日本は移民政策をとらない」と繰り返し主張していることが，人々の「思いこみ」を助長しているかもしれません。いま，本当に日本は移民を受け入れていないのでしょうか。

　図5.2 が示しているように，日本で働く**外国人労働者数**は急増しています。その数は，2022年10月には182万人に達しており，日

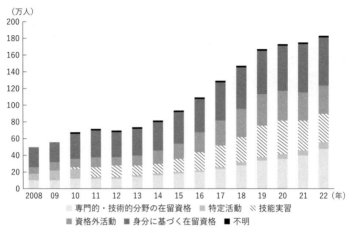

図 5.2 日本の外国人労働者数（在留資格別）

（万人）

凡例：
　□ 専門的・技術的分野の在留資格　　▨ 特定活動　　▨ 技能実習
　▨ 資格外活動　　▨ 身分に基づく在留資格　　■ 不明

（出所）厚生労働省（2018, 2022, 2023）をもとに作成。

本経済が外国人労働者に依存していることがよくわかります（厚生労働省 2023）。なかでも技能実習と資格外活動（多くが留学生のアルバイト）の伸びが目立ちますが，そのどちらもほとんどが単純労働に従事しています。日本は，建前では単純労働者を海外から受け入れないとしてきたのですが，事実上，単純労働を請け負う人々を海外から確保してきたことがわかります。18 年の出入国管理法改正で「特定技能」という在留資格を設け，翌 19 年からこれまで単純労働者と見なしてきた人々を公式に受け入れることも始めました。

▷ 外国人居住者の増加

　このように，日本でも外国人労働者が急増してきました。にもかかわらず，「外国人労働者は移民ではない」「日本は移民を受け入れ

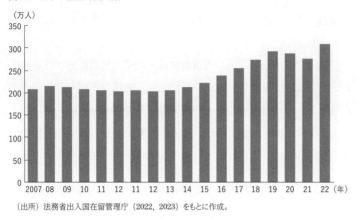

図5.3 日本の在留外国人数

（万人）

（出所）法務省出入国在留管理庁（2022, 2023）をもとに作成。

ていない」「移民は労働者だけではない」などさまざまな異論が聞こえてきそうです。それでは労働者だけではなく，その他の種類の人々も含めた外国人全体は，どのぐらい日本国内に居住しているのでしょうか。第1章でも触れたように，その数は着実に増え，2022年末現在307万5213人です（**図5.3**）。23年1月1日現在，日本に居住する全人口が約1億2475万2000人ですから，そのなかで外国人人口は約2.5％に当たります（総務省統計局 2023）。すなわち，日本に住む40人に1人は外国人なのです。

在留資格への着目

　ここまで述べても，「外国人居住者では移民とはいえないのではないか」という意見が出されるかもしれません。日本政府の公式見解と同じような，「日本社会に長期にわたって住んでいる人々や永住している人々でないと『移民』とはいいにくい」という印象を持

つ方々もいることでしょう。そこで，比較的長期に住んでいる人々に着目するために，在留資格別に外国人居住者を見てみることにしましょう。

日本に滞在する外国人の**在留資格**は大きく２種類に分けられます。１つは「活動に基づく在留資格」であり，仕事などどんな種類の活動をするかに応じて日本における滞在が認められるものです。もう１つは「身分または地位に基づく在留資格」です。比較的長期の滞在をしている外国人は，こちらの在留資格をとっている場合が多いです。

▷　**身分または地位に基づく在留資格**

「身分または地位に基づく在留資格」とはなんでしょうか。これについては，５つのカテゴリーに分けると理解しやすいでしょう。第１のカテゴリーは特別永住者です。ここには，第二次世界大戦以前に日本へ移り住んだ人々とその子孫であるいわゆるオールドカマーが入り，オールドカマーのほとんどが朝鮮半島および台湾の出身者で占められています。特別永住者は2022年末現在28万8980人おり，外国人居住者の9.4%を占めています。

第２に，永住者です（第7章第2節も参照）。日本に終生居住できるこの在留資格を持っている人々は同じく2022年末現在86万3936人で，外国人居住者全体の28.1%です。

第３に「日本人の配偶者等」という在留資格があります。文字どおり，日本人の夫や妻が主な対象であり，「等」の部分に当たる人々の多くは「日本人の子ども」です。第４に，「永住者の配偶者等」という在留資格もあります。この場合も「等」には主に「永住者の子ども」が入ります。どちらの配偶者も，いくつかの条件があ

るものの基本的に 3 年以上婚姻しており，続けて 1 年以上日本に在留している場合，永住者になることができます。2022 年末現在，「日本人の配偶者等」は 14 万 4993 人（外国人居住者の 4.7%），「永住者の配偶者等」は 4 万 6999 人（外国人居住者の 1.5%）に付与されています。

　最後に，「定住者」という在留資格があります。「定住」という日常言語の印象とは少々異なり，行う活動には制限がなく滞在期間が更新できる可能性はあるものの，許される滞在は 1 年から 5 年です。5 年滞在すると「永住者」を申請できるともいわれています。ブラジルやペルーなどからの日系人の多くがこの在留資格で日本に滞在していて，2022 年末時点で 26 万 6938 人（外国人居住者の 8.7%）です（法務省出入国在留管理庁 2023）。

▭▷ 「長期滞在」している外国人としての移民

　以上の「身分または地位に基づく在留資格」を持つ人々が，比較的長期で日本に滞在していることは理解されることでしょう。そして「移民」という語の日常的な理解により近いかもしれません。5 つのカテゴリーの人数を足し合わせると，日本には少なくとも 161 万 1846 人（2022 年末）の外国人が長期滞在していると見なすことができるのです。これは外国人居住者の 52.4% であり，さらに日本の全人口の 1.3% に当たる数字です。すなわち，日本の全人口のうち少なくとも 100 人に 1 人が「長期滞在している外国人」なのです。

　ここまで考察を積み上げてみせても，まだ「日本は移民を受け入れていない」と言い切ることができるでしょうか。人数の多少に関していくつかの意見は表明されるかもしれませんけれども，「日本

が事実上移民を受け入れている」ことを否定するのは難しいのではないでしょうか。

▷ 「人口減少か移民受け入れか」ではない

　本章では，ある社会学者のインタビュー記事を冒頭で参照し，その後，読者が国際移民に関して読者が「思いこみ」をしやすい3点を検討してきました。その3点とは，第1に，「移民受け入れは人口減少を改善するのか？」，第2に，「移民の増加が社会的不公正や抑圧や治安悪化を引き起こすのか？」，そして最後に，「いまの日本は移民を受け入れていないのか？」でした。

　考察結果をあらためてまとめると，第1に，少なくとも移民受け入れだけでは，人口バランスの改善どころか維持さえ難しい。第2に，移民の増加がすぐさま社会的不公正や抑圧や治安悪化を引き起こすとは断言できない。最後に，日本は事実上移民を受け入れている。これらが本章で示してきたことです。

　これら3つのありうる「思いこみ」に関する考察は，重要な含意をもたらします。次のような言明を聞いたことがありませんか。すなわち「日本は『人口減少か移民受け入れか』という二者択一に直面している」というものです。3つの「思いこみ」の背後には，この世間にありがちな言明が示す二者択一的な考えが見え隠れしています。本章を読み終えた読者なら，この言明があまりにも雑な問題設定であることにすぐ気づかれることでしょう。

　21世紀に入り，さらに20年以上が経ったいま，日本が考えるべきは，①日本はどの程度の人口減少なら耐えられるのか？　②どのタイプの移民をどのぐらい受け入れるべきか？　③移民たちの人権や権利をいかに守るのか？　こういった問題なのです。これらの問

題を国際移民に対する想像力，理論そして証拠に基づいて検討する段階に，日本はとっくに到達しています。事実上の単純労働者を海外から受け入れるため，2019 年 4 月から「特定技能」という在留資格の運用を始めたことも考え合わせると，日本は「人口減少か移民受け入れか」という二者択一に拘泥している余裕をもはや持ち合わせていないのです。

コラム 3 社会秩序と解決策のリアリティ　「移民などによって社会秩序が損なわれる」という言明や心配は，世界中の至るところで噴出しています。しかし，そもそも社会秩序とはなんでしょう。どうすれば社会秩序を実現できるのでしょうか。

　さまざまな人々が論じたなかで，社会秩序の問題をはじめて学術的に定式化したのは，17世紀に活躍した哲学者トマス・ホッブズ（Thomas Hobbes）です。ホッブズは著書『リヴァイアサン』のなかで，人々は情熱的かつ利己的なので「万人の万人に対する闘争」こそが「自然状態」だとしました。そして，人々が社会契約を結び**国家**をつくることで，社会秩序を実現できると主張しました。

　ホッブズの考察を引き継いだアメリカの社会学者タルコット・パーソンズ（Talcott Parsons）にとって，社会秩序問題の原因は行為者の行為が他者の行為の出方しだいで決まり，他者も同じ事情であるという「二重の不確定性」（double contingency）でした。そして，行為者たちが**価値**や**規範**を内在化し共有すると社会秩序は生成されると主張しました。

　ドイツの社会学者ニクラス・ルーマン（Niklas Luhmann）は，複雑化する社会において行為者が行為を遂行するためには，他者の行為を予期し，その予期を他者がどう予期しているか予期し……など無限の予期を繰り返す必要があるとしました。事情は他者も同じなので「二重の偶発性」（Doppelte Kontingenz）と呼びます。解決策は，**社会分化の進んだ社会システム**による「複雑性の縮減」だといいます。

　もう1人挙げましょう。フランスの社会学者エミール・デュルケーム（Émile Durkheim）は，近代社会において人々の欲望が規制されず無秩序な競争が広がると，自殺が増えるなど社会秩序が崩壊すると警鐘を鳴らしました。これをアノミー（anomie）と呼びます。デュルケムの解決策は，宗教や職業などの**中間集団**が社会的連帯の機能を発揮することでした。

　思い描かれた社会秩序が多様ならば，その解決策も多様です。みなさんは，どの考えにリアリティを感じるでしょうか。

重国籍はいけないことなのか？

Quiz クイズ

Q 6.1 2023 年現在の世界において，重国籍を認める国と認めない国とでは，どちらが多いと思いますか。
a. 重国籍を認める国のほうが多い　**b.** 重国籍を認めない国のほうが多い　**c.** 同じぐらいの数である　**d.** そもそも，重国籍を認めている国など存在しない

Q 6.2 個々の国の意向にかかわらず，個人は複数の国の国籍を持つことがあります。それでは，個人は実際にいくつ国籍を持つことができると世界で定められているでしょうか。
a. 2 つ　**b.** 3 つ　**c.** 4 つ　**d.** 数の制限はない

Q 6.3 子どもがその出生時に国籍を得る原則として，日本が採用しているのは次のうちどれでしょう。
a. 出生地主義　**b.** 血縁主義　**c.** 居住主義　**d.** 共和主義

Q 6.4 2 つ以上の国籍を持つ人は，日本には何人ぐらいいると推計されているでしょう。
a. 1 人もいない　**b.** 約 8900 人　**c.** 約 8 万 9000 人　**d.** 約 89 万人

Answer クイズの答え

A6.1 a. 重国籍を認める国のほうが多い

本文で説明するように，2011年現在国際連合（国連；UN）の加盟国のなかで，国外で滞在する在外国民の重国籍を認める法規定を持っていない国は28%だけだという調査結果があります。

A6.2 d. 数の制限はない

かつては，所持する国籍は1つだけが望ましいという世界的な考え（規範）がありましたが，昔もいまも国籍の取得数の上限を定めた世界的なルールはありません。ただし国によっては，複数の国籍を持った場合，どれかを選択することや自動的に自国の国籍を喪失することを法律で定めています。

A6.3 b. 血縁主義

a. 出生地主義は，自国の領土内で生まれた子どもに国籍を与える原則です。アメリカやイギリスなどで採用されています。c. 居住主義は，一定期間以上居住している者に社会福祉や選挙権などいくつかの権利を与える原則ではありますが，直接，国籍取得まで許すことはきわめてまれです。国籍を取得するためには，居住年数のほかにいくつかの条件を必要とする帰化などを求める場合がほとんどです。本文で触れたイギリスの「居住権」は居住主義とは別のものです。旧植民地の国民が旧宗主国に居住できる権利で，旧帝国の「臣民」として持っていました。d. 共和主義はフランスで典型的に見られる政治統合原理で，国王ではなく国民の代表で国家を統治したり，当該国の法律や政治体制に忠誠を誓う者を社会のメンバーにするといった政治的な考えや制度を指します。国籍と直接関係しないものの，共和主義をとる国々は，出生地主義を採用していることが多いです。

A6.4 d. 約89万人

2つ以上の国籍を持った人の数を正確に知る資料はありませんが，2018年に法務省の国籍事務担当者がある弁護士に示した推計値です（武田 2019）。

Chapter structure　本章の構成

国籍と市民権
——重国籍の何が
問題か？

＞

なぜ重国籍への対応が
違うのか？

忠誠の分裂への懸念
社会統合の手段
経済的利益の追求……

＞

忠誠分裂の解決法
国民国家への合意

▷　**話題になる国籍と重国籍**

　国籍に関しては，さまざまな思い入れが存在します。たとえばスポーツでは，国籍がしばしば話題になります。テニスの全米・全豪オープンを制覇した大坂なおみ選手が日米２つの国籍を持っており，2020 年東京オリンピックで日本代表として出場するかどうかが注目されていました。そして，22 歳の誕生日前に日本国籍を選んだことが大きく報じられました。大相撲の横綱・白鵬が日本相撲協会に残って親方になるためには，日本に帰化する必要があるということも，報道され話題になりました。19 年にワールドカップの日本開催で盛り上がったラグビーでは，日本代表チームに所属するために日本国籍が必ずしも必要でないことも話題を呼びました。他方，サッカーの日本代表チームに加わるためには日本国籍が必要ですし，プロ野球に外国人選手枠があるなど，スポーツの種目によって国籍の扱いが異なります。こうした事柄が話題となる理由はもちろん，人々の思い入れが強いからでしょう。

　政治の世界でも，国籍が話題になることがあります。2016 年当時，民進党の党首であった蓮舫議員の二重国籍疑惑が問題になりました。蓮舫議員が日本の国籍だけでなく台湾の国籍も持っているのではないかと騒ぎになったのです。そこには，複雑な事情があった

ようです。国レベルの事情としては，日本は1972年に中国と国交を正常化し，台湾を国家と承認しなくなくなりました。そこで，法務省は台湾国籍所持者に中国の法律を適用し，日本国籍を取得したことで自動的に台湾籍を失ったと見なしていた可能性があるのだそうです。また，そもそも台湾との外交関係を断ち切り，国として認めなくなったのだから，台湾に関して二重国籍は成立しないという解釈もあります。それ以外にも蓮舫議員の個人的な事情が重なり，結局，蓮舫議員が戸籍を開示するなどして問題は収束に向かいましたが，この開示についても個人のプライバシーを公表させてよいのかと疑問が投げかけられました。

オーストラリアの国会議員17人も2017年から18年にかけて，重国籍であることを理由に，議員としての適格性を問題にされました。政治家が重国籍なのは，よろしくないことなのかもしれません。しかし，気づかないうちに重国籍を持ってしまっていたとしたらいかがでしょう。また，政治家以外の人々が重国籍を持っていることは，いけないことなのでしょうか。

⬦ 重国籍の世界的な流れ

「重国籍」「複数国籍」「二重市民権」「複数市民権」などの用語があるなか，ここではわかりやすさを優先して「**重国籍**」という語を採用します。そのうえで，重国籍を「ある個人が2つ以上の国の国籍を公式に所持している状態」と定義しておきましょう。日本の状況から考えると意外かもしれませんが，世界的には重国籍を容認する流れにあります。**表6.1**は国外で居住している国民が別の国の国籍を取得したときに，その国民が自動的に原国の国籍を喪失すると法律で定めているかどうかを世界の地域別にまとめたものです。

表 6.1 在外国民の外国籍取得時,原国籍自動喪失を定める法律の有無

地 域	1960 年			2015 年		
	あり (%)	なし (%)	なし (国数)	あり (%)	なし (%)	なし (国数)
アフリカ	71.4	28.6	7	35.2	64.9	54
アジア	54.5	45.4	22	33.3	66.7	48
ヨーロッパ	54.8	45.1	31	27.3	72.8	44
南北アメリカ	72.7	27.2	22	8.6	91.4	35
オセアニア	66.7	33.3	3	15.4	84.6	13
全 体	61.2	38.8	85	26.8	73.2	194

(出所) Vink, De Groot and Luk (2015) をもとに作成。

1960 年の段階ではどの地域でも過半数が自国の国籍を喪失すると定めている一方,2015 年には逆に喪失しないとしている国が過半数を超えています。たとえば,日本が属するアジアでは,2015 年現在で 66.7% の国が在外国民の重国籍を認めているのです。

国連の調査 (United Nations 2013) では 2011 年現在,加盟国中 53% の国が在外国民に自国以外の国籍の保持を無条件で許し,19% は条件付きで認め,在外国民の重国籍を認める法規定を持っていない国は 28% にすぎないとしています。また重国籍を完全に禁じているのは,最も発展途上にある国 (37%) と比較的まだ発展途上にある国 (34%) に比べ,先進国では少数にすぎません (12%)。地域別では,ラテンアメリカ諸国やカリブ海諸国の 79% が重国籍に制限を設けていませんが,他方でアジア諸国で 50%,オセアニア諸国で 38%,アフリカ諸国で 30% が制限を設けています。

マーストリヒト大学などの調査 (MACIMIDE 2023) では,在外国民が外国籍取得時に原国籍を自動的に失うと定めていない国は,2020 年の時点で世界の国々の 76% に達していました。

日本と同じアジアに属する韓国も,2010 年の法改正で「外国籍

不行使誓約」という制度を導入し，条件付きで重国籍を容認するようになりました。出生時に重国籍を取得した22歳未満の者，過去に重国籍を持ち旧国籍法に基づく国籍選択義務（国籍離脱申告）を履行せず韓国国籍を自動喪失した後，韓国国籍を再取得した者，以前の国籍法に基づき外国籍を放棄して韓国国籍を選択し，本制度の公布日より5年以内に該当外国籍を再取得する者などについては，重国籍を容認することになったのです。いずれも法務部長官（日本でいう法務大臣）に韓国国内で外国籍を行使しないと誓約することで，重国籍を維持できるようになりました。

　なぜ，世界は重国籍を認める方向へと動いているのでしょうか。そのようななかで，なぜ日本は重国籍に対して厳しいと見えるのでしょうか。本章ではグローバル化時代における重国籍の扱われ方を通して，人々が国家に所属するとはいかなることかについて考察していきましょう。

1　国籍と市民権

▷　アイデンティティとしての市民権

　そもそも**国籍**とは，なんでしょうか。簡潔にいえば，国籍はある国家に所属することで得た地位，すなわち国家のメンバーシップです。歴史的に見ていくと，国家のメンバーシップを示す観念は古代から存在し，**市民権**（citizenship）と呼ばれてきました。市民権とは定義でいうと「共同社会の成員に与えられた地位」であり，「地位」に「権利と義務」そして「アイデンティティ」がともないます。

　アイデンティティがともなうという点は，わかりにくいかもしれ

ません。要は「市民権を持っていると自分をその社会のメンバーだと思うことができる」また「市民権を持っている他の人をその社会のメンバーだと見なすことが容易になる」ということです。このアイデンティティという側面は，人が生きていくうえで重要です。たとえば「自分は日本人だ」と思うことができることで，その人は大きな心理的な安定を獲得し，自分がその社会のさまざまな権利を享受できる主体であると，疑いなく信じることが可能だからです。逆にいえば，もし市民権を奪われてしまうと，その人のアイデンティティは著しく揺らいでしまい，権利を享受してよいのだろうかという疑いも生じえます。すなわち，アイデンティティの側面は，個人の人格や人生に大きく関わり，「自分がどのような人間であるか」「どの社会に属するか」を確証させる機能を持つのです。また，その社会の人々がたとえば「自分たちは日本人だ」というように共有しているという意味で，アイデンティティという側面は集合的なものであるといえます。

　市民権の3つの側面の関係に着目すると，「市民」という「地位」があり「権利と義務」を持つがゆえに人々は「市民」という「**集合的なアイデンティティ**」を持つという面があります。そして同時に，この社会に属しているという「市民」に見合う「集合的なアイデンティティ」を持っているがゆえに「市民」という「地位」と「権利と義務」が与えられるという面もある，すなわち双方向的なものなのです。

　国籍はこの市民権の一種で，19世紀初頭フランスの，ナポレオン民法典で歴史上はじめて導入されたといわれています。その後，ヨーロッパを中心に国民により運営される国家，すなわち国民国家が広がっていき，市民権は「ナショナル市民権」，すなわち国籍と

同一視されるようになりました。第二次世界大戦後には，世界は国民国家で覆い尽くされ，ある1人の個人がある1つの国家に所属するという制度，すなわち「**国籍唯一の原則**」が広まりました。まず「国民」という法的地位があるがゆえに，国家に対してある一定の義務を果たさなければならず，また権利が付与されるのです。選挙での投票も福祉給付も徴兵も「国民」の地位を持つ者が，まずは対象となりました。

このように「国民」が確定されると同時に「国民でない者」，すなわち「外国人」が区別され，出入国の自由を持たず権利を享受できない「市民権を持たない者」と見なされるようになったわけです。

▷ 重国籍の何が問題か？

複数の国家の国籍法が衝突して重国籍や無国籍が発生することを，法律用語で「**国籍の抵触**」と呼びます。無国籍に関しては，「人は必ず国籍を持つ」という「無国籍防止原則」が国際社会で確立してきました。国籍は「権利を得るための権利」と呼ばれるほど個人にとってきわめて重要な法的地位です。たとえば，社会保障など国のさまざまな制度設計は国民を想定しており，それ以外の者には大きく不利に働く可能性があるからです。したがって，国籍が恣意的に剥奪され無国籍になることは基本的人権を著しく損なうため，「無国籍防止原則」はきわめて道理の通った重要なものなのです。また，無国籍の扱いに関連して，国籍の取得と喪失については個人の意思が反映されるべきだという考え（「国籍自由の原則」）も国際社会に広まっています。

一方，重国籍に関しては，「人は国籍を1つしか持ってはならない」という「重国籍回避原則」が20世紀になってから国際社会に

広まっていきました。しかし国籍が国家のメンバーシップを意味するとき，重国籍の何が問題なのでしょうか。なぜ回避しなくてはならないのでしょうか。

しばしば，重国籍に関して次のような懸念が表明されます。国境を移動する際の出入国管理が難しくならないか（出入国管理の困難），どの国で兵役の義務を果たすのか（兵役義務），税金をどの国で納めるのか（納税義務），他国から損害を被ったときどの国がその個人を保護するのか（外交保護権），複数の国で権利を行使できるのではないか（複数国権利の行使）。加えて，複数の国で婚姻してしまい重婚が生じないか（身分関係の混乱）とか，「政府転覆活動」に関わらないかといった懸念も時折表明されてきました。

しかし，これらの懸念は多かれ少なかれ法的に解決されていたり，やや表面的なものであったりします。たとえば外交保護権については，国際司法裁判所による法的な判断が存在します。ドイツ人のフリードリヒ・ノッテボーム氏は，第二次世界大戦前にグアテマラに移住して事業に成功し，その過程でリヒテンシュタインの国籍を取得しドイツ国籍を喪失しました。しかし，第二次世界大戦でグアテマラとドイツが敵対関係になったことから，グアテマラはノッテボーム氏を逮捕し，戦後，氏の財産を没収する手続きを始めました。そこでリヒテンシュタインは外交保護権を行使し，ノッテボーム氏への財産の返還と損害賠償をグアテマラに求めたのです。ところが，グアテマラは，氏の実質的な生活の本拠はグアテマラにあり，リヒテンシュタインはノッテボーム氏に対する外交保護権を有しないと主張しました。国際司法裁判所は 1995 年，外交保護権はその個人と「真正な結合」を持つ国家によって行使すべき，すなわち個人と自国の実効的な結びつきが存在する場合にしか，他国に対して外交

保護権を主張しえないとし，リヒテンシュタインの外交保護権を否定しました。

この国際司法裁判所の判断（ノッテボーム・ルール）に基づくと，重国籍であったとしても「真正な結合」を持つ国家がその個人の外交保護権を持つということで，法的には決着したのです。

その他，出入国管理や納税などに関しても，2004年に「具体的に重国籍で何らかの問題が生じたという事例は把握しておりません」と房村精一法務省民事局長（当時）が国会で答弁したとおりなのです（第159回国会法務委員会）。すなわち，重国籍によって重大な問題は生じていないのです。それでは，先ほど挙げたような重国籍への懸念がなぜ表明されるのでしょう。その背後には，国籍および市民権の性質から派生したある種の「心配」が隠れています。それは忠誠心の分裂という問題です。

▷ **忠誠心の分裂**

前で触れたように，国籍を含む市民権は「地位」「権利と義務」「アイデンティティ」という3つの側面で構成されていました。重国籍が問題化するのは，「地位」「権利と義務」と「アイデンティティ」の循環構造が危ぶまれるときです。すなわち，2つ以上の国籍を持ち2つ以上の「地位」や「権利と義務」を得てしまうと，「ある国の『地位』と『権利と義務』を持つ」がゆえに「ある国へのアイデンティティを持つ」，そして「ある国へのアイデンティティを持つ」がゆえに「ある国の『地位』と『権利と義務』を持つ」という循環構造が危ぶまれ，その結果，市民権のアイデンティティ的側面が台無しになるのではないかという懸念です。別の表現を使うと，忠誠心が自国と他国へ分裂している人に自国の国籍を持たせてよい

のかという心配ともいえます。しかしその一方，複数の国籍を持つことでその人のアイデンティティが安定している可能性のあることは，注記しておかなくてはなりません。

　そもそも**忠誠**というのは，中世封建時代の社会においてメンバーシップを確定する際に用いられたものでした。ある人々が君主に忠誠を誓って義務を果たし，その代わりに君主から保護を得られるのであり，その忠誠は永遠に続くものだと想定されたのです。一方，国民国家体制となった近代以降，人々の忠誠は国家に向かうことになりました。人々の国籍は，生まれたときに血縁主義か出生地主義か，または両者が組み合わさった基準によって決まります。しかし，帰化などよって国籍を自分の意思で選択することも多くの国で許容されています。すなわち，個人は国民になりたい国の国籍を選択し，そうでない国の国籍からは離脱してよいという考えが世界には広まっているのです。

　また，1990年代末の東西冷戦終結までは，戦争が国際紛争の主要な解決法として広く現実味を持っていたため，軍事動員のために人々の忠誠を確保しておくことは，国家にとって自らの存立のために不可欠でした。そして忠誠を求める動きは，東西冷戦が終わった現在においても，かなり薄いかたちではあれ生きながらえています。いや，近年になって復活しているといってもよいでしょう。その典型的な例は，西欧諸国などで導入されるようになった帰化の要件です。帰化をしたい外国籍の申請者に対して，当該国の言語に関する授業の履修やテストでの合格，同じく当該国の歴史や政治などに関する市民権授業の履修や市民権テストでの合格，そして当該国の制度や民主主義を遵守することを表明する儀式や宣誓を課すようになっています。自国に対して忠誠心を持っていない個人に国籍を与え

ることは，国家としてはできる限り避けたいことなのです。

▷ 重国籍のつくられ方

　忠誠の分裂という心配があるにもかかわらず，どうして世界中で重国籍の人々が増えているのでしょうか。意外かもしれませんが，誰が国民かを決める規則は世界で統一されているわけではありません。各国が，それぞれ自国民を定義する裁量を持っているのです。すると，2つ以上の国が1人の個人を「自国の国民だ」と定めると，その個人は重国籍となるわけです。

　したがって，重国籍は容易に生み出されます。第1に，出生です。両親の国籍が異なっていると**血縁主義**（ラテン語で jus sanguinis）により子どもが父母から別々の国籍を継承することがあります。また，血縁主義によって親の国籍を得ると同時に，**出生地主義**（ラテン語で jus soli）により出生した国の国籍を得ることもあります。

　第2に，婚姻です。国によっては結婚すると配偶者に国籍を自動的に与えるところがあります。とくに妻が夫の持つ国籍を得るのがよくあるパターンでしょう。

　第3に，国境の変更です。二国間の国境付近など，ある国が統治していた地域を別の国が統治することになると，結果としてその地域の住民たちが両国の国籍を得ることがあります。

　第4に，帰化です。ある国の国籍を持っている者が別の国に帰化し，かつ元の国籍を保持し続けると重国籍となります。親が帰化すると，子どもも自動的にその国の国籍を与えられ，重国籍となる場合もあります。

　第5に，認知および養子という子どもに関わる手続きがあります。いったんある国の国籍を得た子どもが別の国籍を持つ親から認

知されたり，また養子にされたりするとその子どもは重国籍を得ることがあります。

　このように重国籍は意外にも簡単に生み出されるものです。グローバル化によって国境を越える人の移動が盛んになった近年，上の5つの事態がより現れやすくなり，重国籍が増えています。たとえば，法務省は戸籍などのデータから 2018 年現在，重国籍を持っている人が日本に約 89 万人いると推計しているといいます（武田 2019）。そして市民権のアイデンティティ側面に関していえば，複数の国に同時にアイデンティティを感じる人々も増え続けているというわけです。

2 重国籍への法的対応

▷ 5つの事例

　重国籍は増加傾向にあります。それなのになぜ，重国籍に寛容な国がある一方，制限している国があるのでしょうか。

　アメリカやカナダなど，移民で建国されたという「神話」のある**「移民国家」**は，比較的重国籍に寛容であるといわれます。ただし，アメリカもカナダも重国籍が認められたのは第二次世界大戦後です。前者に関しては，国籍付与は国家への「永続的な忠誠」を根拠としているから国籍離脱には「個人の自発的意思」が必要だという司法判断の結果，消極的に重国籍を認めたものでした。後者のカナダは多文化主義を国家政策と位置づけたために，派生的に重国籍にも寛容になっていきました。

　一方，移民国家とは異なり，特定の民族に依拠して建国されたと

いう「神話」を持つ「**エスニック国家**」は，重国籍に関して比較的制限的であるといわれます。しかし，かつてエスニック国家であったドイツが1990年から重国籍を認めていったように，国境を越える人の移動の増加などによりエスニック国家のなかでも寛容になる国も出てきています。

　ここではなぜ重国籍に対して寛容だったり制限的だったりするのか，その理由を探るため，ヨーロッパ連合（EU），イギリス，フィリピン，日本という5つの事例を取り上げ考察していきましょう。

◁▷　**世界的傾向を示すEU**

　重国籍に寛容になるという世界的な傾向をよく示しているのは，EUです。

　明らかに1960年代まで，EUの前身だったヨーロッパ共同体（EC）は「国籍唯一の原則」を遵守しようとしていました。30年に国際連盟が採択した国籍法抵触条約（国籍法の抵触についてのある種の問題に関する条約）などを踏まえ，ECは63年に重国籍削減条約（重国籍事例の削減及び重国籍事例の兵役義務に関する条約）を設け，その1条において「自己の意思による帰化等の場合の原国籍の喪失」を規定し，加盟国国民が自ら他国の国籍を取得した場合は元の国籍を保持できないと決めたのです。その背景には，当時は冷戦下で重国籍者が兵役義務をどの国で果たすかという緊要な問題がありました。そこで5条では兵役義務に関して，EC加盟国国民が加盟国いずれか1国で兵役に服するべきとしました。兵役にともなう労力と忠誠の問題を考慮したものと推察されます。

　ところが，30年の時の流れのなかでEUは態度を変えました。1993年に同条約の第二議定書を締結し，重国籍を一部容認する方

向に同条約を修正したのです。第二議定書の1条は，同条約の締約国が，外国籍（EU加盟国外も含む）を併せ持った市民の原国籍の維持の可否を定めることができるとしています。原国籍を維持できるのは，移民二世（移住先で出生したか未成年時に移住した者），市民と国際結婚をした配偶者，親の国籍が異なる子の場合です。重国籍の一部容認を重国籍削減条約1条に追加するかたちで，重国籍の扱いを各国に委ねることにしたわけです。

さらにEUは第二議定書締結からわずか4年後の1997年に，ヨーロッパ国籍条約（European Convention on Nationality）を締結しました。同条約は，7条1項で「真正な結合がない在外国民の国籍剥奪は可能である」と示す一方，14条1項では出生，婚姻という限られた条件とはいえ，重国籍の所持を権利であるとしたのです。このように重国籍を権利としたことは，画期的だったといえるでしょう。また，15条では外国籍を取得した締約国国民が国籍を喪失するかどうか，帰化時に原国籍を保持できるかどうかは締約国の裁量であるとしました。すなわち97年のヨーロッパ国籍条約は，事実上重国籍を認める内容を持つものだったのです。

このようにEUは，1963年から93年をはさみ，97年に至るまでに重国籍への態度を変化させていきました。その理由として，EU域内の自由移動の急増，増大した労働移民などを社会に統合する必要性，それらにともなう国際結婚の増加などのため，EUは重国籍回避の原則に固執できなくなったことが考えられます。また，冷戦終結により東欧諸国などが国籍法や外国人法を制定する必要に迫られており，その基準を設定するための国際条約が求められてもいました。上で触れた3つの条約・議定書は必ずしも多くの締約国を獲得したわけではありません。しかし，ヨーロッパの多くの国が，

その趣旨に沿うかたちで国内制度を改定していったのです。

　このEUの態度変容は，重国籍への対応に関する世界的な傾向と軌を一にしているといえます。

▷　きわめて寛容な国，イギリス

　世界の国々のなかで，重国籍に対して極端な態度を示している国を見てみましょう。それはイギリスです。イギリスは，重国籍に対してきわめて寛容な国です。無関心だといってもよいかもしれないほどの寛容さなのです。

　それでは，どのような意味で寛容なのでしょうか。まずイギリスは伝統的に国籍継承に関して出生地主義を採用してきたため，イギリス領内で出生さえすれば，イギリス国籍を得ることができました。また国外で生まれた場合にも，親がイギリス国籍を持っている場合は血縁主義により一世代に限ってイギリス国籍が得られるという規則があります。ただし，いまでは出生地主義に条件が付けられています。1981年イギリス国籍法により，83年以降はイギリス国内で生まれるだけではなく，少なくとも片方の親がイギリス市民かイギリス属領市民（現イギリス海外領土市民）か永住者であることが必要とされました。すなわち，イギリス国籍の取得に血縁主義の条件を付けることになったのです。

　このようにイギリスの制度は，条件付きであれ出生地主義を主として採用していることもあり，重国籍が生じやすくなっています。加えて，他国の国籍を所持する者に対して国籍選択を求める規則はありません。イギリスに帰化した者に対して元の国籍の放棄を求めることはないのです。イギリスは，そもそも重国籍を規制する法を持たないというわけです。1981年のイギリス国籍法の制定過程で

重国籍の扱いが議題に上りましたが，寛容な制度は変わりませんでした。

しかしなぜ，イギリスは重国籍に対してこれほど寛容なのでしょうか。その理由は，イギリスがかつて帝国であり，現在も帝国的遺産を引き継いでいることに求められます。

帝国では，国家のメンバーシップである市民権は，臣民権（subjectship）と呼ばれます。帝国であったイギリスの臣民権は中世の伝統を引き継ぎ，国王への永遠の忠誠を誓うというかたちで定められていました。国王の領地で出生した者に忠誠義務が生じ，その忠誠義務は永遠に続くと想定していたのです。すると，いったんイギリス領内で生まれると，別の国の国籍を持った者でさえイギリス臣民でなくなることはできない，ということになります。国王の忠誠義務で国籍を規定するというやり方は，法的には 1870 年帰化法まで続き，コモンロー，すなわち慣習法が積み重なるなかで，忠誠義務の正統性は維持されていました。

加えて，帝国の拡大が重国籍に有利に働きました。イギリス本国から移り住んでいく白人入植者や，拡大していく植民地の原地住民をいかに統治するかが課題となりました。この統治のための基本的な手法が帝国における市民権，すなわち臣民権を付与したり維持したりすることだったのです。

イギリスが臣民権の付与で統治を強化しようとしていたことを端的に示す事例があります。1812 年米英戦争です。イギリスは，イギリス生まれでアメリカに帰化した民間船の船員も，大英帝国の臣民であると主張し徴兵しようとしました。これにアメリカが抗議し改善を求めたことが，米英戦争を引き起こす原因の 1 つとなったのです。その背景として，当時，イギリスはフランスとの相次ぐ戦

争のため兵力を必要としていたにもかかわらず，国内での調達が難航していたのでした。

　以上のような植民地経営による経済的繁栄と戦争準備という事情が，イギリスの重国籍に対する寛容性を促進したのです。

▷　戦後イギリスと移民の流入

　第二次世界大戦前後，イギリスは植民地の多くを手放すことになり，事実上，帝国は解体しました。1950 年代からは旧植民地から移民が大量に流入してきました。その多くが「**居住権**」（right of abode）を持っていたため，いったんイギリス国内に居住すると居住権以外の権利も含んだ完全な市民権を得ることができました。すなわち，旧植民地である母国の国籍だけでなくイギリスの国籍をも所持できたのです。このため重国籍者は格段に増加していきました。

　イギリスは帝国を整理し国民国家へと変わるため，旧植民地移民の流入を規制していきましたが，移民規制制度の完成までに 30 年以上を費やしました。その過程で植民地からの移民を減少させたことが，事実上，重国籍の事例を減少させることにはなったものの，歴史的な経緯のために重国籍に対する寛容な制度は 2023 年現在においても変わっていません。

　以上のような経緯で，イギリスは重国籍にきわめて寛容であるという極端な事例になったわけです。

▷　在外同胞の取り込み，フィリピン

　世界には，自国から他国へと移動していった在外同胞などに対して積極的に自国の国籍を与えようとしている国もあります。自国の血統を受け継いでいる在外同胞が滞在国の国籍を保持し続け重国籍

を持つことになろうとも，自国の国籍を与えようとするのです。なぜ，このようなことが起きるのでしょうか。

ここではフィリピンの事例を見てみましょう。フィリピンは**移民送出国**としてよく知られており，国籍継承については血縁主義を採用しています。2003年，同国は市民権保持・再取得法を可決し重国籍を公式に認めることにしました。いくつかの例外はあれ，出生時にフィリピン国籍を取得した者が同法施行以前に他国に帰化しフィリピン国籍を喪失した場合，憲法とフィリピン国家に対する忠誠の宣誓を行うことによってフィリピン国籍を再取得できると定めたのです。また，同じくいくつかの例外はあれ，出生時にフィリピン国籍を取得した者が同法施行後に他国に帰化した場合は，同様に宣誓を行うことでフィリピン国籍を維持することができるようになりました。そのため，日本へ帰還した日系3世の多くが日本に帰化してからもフィリピン国籍を維持し，重国籍を保持しているといわれています（Ohno 2008: 10）。

なぜフィリピンは重国籍を認めるようになったのでしょうか。1つには，他国の国籍を保持しつつフィリピン国籍を再取得できるよう，在外フィリピン人団体がフィリピン政府に圧力をかけました。在外フィリピン人団体には，フィリピン法による外国人の土地所有禁止や投資の外国人上限枠を回避し，フィリピン国内で活発に経済活動を行いたいという思惑があったのです。他方，フィリピン政府の側も，在外フィリピン人による不動産関連などへの投資や送金の増加を期待していたといわれています。たとえば，アメリカやカナダに帰化したフィリピン人同胞は，在外フィリピン人約700万人の3割を占め，送金額は在外フィリピン人の年間送金額全体（約80億ドル）の7割に上っています。

ここに国家が忠誠の分裂問題を乗り越える1つの方法が現れています。フィリピンは海外で滞在している在外同胞からの送金や投資を期待しているがゆえに，重国籍を積極的に認めているのです。すなわち，経済的利益のような自国の国益を考慮したとき，在外同胞が自国に大きな忠誠心を持たなくてもたいした問題ではないとやりすごすことができるというわけです。

▷　制限的な国，日本

　イギリスとは対照的な事例となっているのが日本です。日本は法律上，重国籍を「認める」とも「認めない」とも名言していないですけれども，重国籍に対して制限的な法制度を持っています。

　国籍の扱い方を定めている法は名前のとおり，**国籍法**です。日本の国籍法は他国のそれと同じように，重国籍を生み出す要素を含んでいます。2条は日本国籍者の子どもが日本国籍を付与されると定めており，3条は日本国籍者が認知した子どもは日本国籍を取得できるとしています。ということは，両親のどちらかが外国籍であったり，出生地主義の国で生まれるなどの事情で別の国の国籍を持っている子どもにも，日本国籍が与えられるのです。以前，日本は国籍を継承する原理として父系血縁主義を採用しており，1950年に制定された国籍法もそれを踏襲しました。しかし，84年改正で父母両系血縁主義に変更したため，父母の国籍が異なる場合，子どもが重国籍になりやすくなったのです。

　国籍法17条1項は，一度日本国籍を失った者に国籍再取得の機会を与える規定です。さらに4条では外国人の帰化を可能としており，5条2項でブラジル籍など元々持っていた原国籍からの離脱が困難な場合でも日本への帰化を認めることがあるとしています。

法務省の資料（法務省民事局 n. d.）によると，2022 年度の帰化許可者 7059 人のなかでブラジル出身者は 3 位（340 人）なので，原国籍を離脱できない場合の帰化も実務上はけっして例外だったり特殊だったりするわけではありません。これらの規定も，他の国籍を持っている者に日本国籍を与える可能性をつくっています。

このように日本の国籍法は重国籍を生み出す要素を含んでいる一方，重国籍の発生を防止するための条項も含んでいます。11 条は，自己の希望で外国籍を取得したり選択したときは日本国籍を失うと定めており，2018 年 3 月，この条項が憲法に違反しているとする訴訟が東京地裁に起こされています（「国籍はく奪条項違憲訴訟」〔国籍法 11 条 1 項違憲訴訟〕）。13 条は自分の意志で日本国籍から離脱できることを示しています。日本国籍とともにその他の国の国籍を持っている人が日本国籍から離脱でき，重国籍を解消できるという趣旨です。離脱できることは当たり前ではないかと思われるかもしれませんが，すぐ前で触れたように国によっては離脱が難しいところもあります。

また 5 条 1 項 5 号は，外国人が帰化できる条件として，そもそも無国籍であるか，または元々の原国籍を失うべきだと定めています。この条項も重国籍の解消をめざしたものです。さらに運用上，帰化内定段階で原国籍からの離脱証明書の提出を求めており，一時的に帰化申請者が無国籍になったり，帰化が認められないと無国籍になってしまう可能性があります。「無国籍防止原則」に反する重大な問題です。

出生した子どもの重国籍も解消の対象となっています。12 条によれば日本人の親から日本国外で生まれた子どもが日本国籍を保持する場合は，国籍留保届を出生後 3 カ月以内に現地の日本大使館

や領事館などに提出しなければなりません。提出しないと，子ども
は日本国籍を失い，出生届を受け取ってもらえず，戸籍に記載され
ないのです。この条項が憲法違反であることを争う訴訟が起こされ
ています（「国籍法12条違憲訴訟」）。そして14条では，出生時など
に重国籍となった者は22歳までに日本国籍かその他の国籍のどち
らかを選択しなければならないとしています。日米2つの国籍を
持っていたテニスの大坂なおみ選手が22歳の誕生日前に日本国籍
を選んだのは，この条項に従ったものと考えられます。また同条は，
22歳以降に重国籍になった者に対しては2年以内に国籍を選択す
るように定めています。

▷ 重国籍は解消できない

　しかし，このような重国籍解消の条項に実効性はあるのでしょう
か。いちおう実効性を持たせるための条項が国籍法のなかに準備さ
れています。15条では政府が重国籍者に対して書面で国籍選択の
催告をできることになっており，催告を受けてから1カ月以内に
国籍選択を行わないと日本国籍を喪失すると定められています。と
ころが，1984年に設けられて以来，この催告の条項の適用例は確
認されていません。国籍の剝奪は，世界人権宣言を参照するまでも
なく重大な人権侵害になりかねないからでしょう。房村法務省民事
局長（当時）は，国会で「国籍を喪失するということは，その人に
とって非常に大きな意味がありますし，家族関係等にも大きな影響
を及ぼすというようなことから，これは相当慎重に行うべき事柄で
あろう（……）」と答弁しています（平成16年6月2日第159回衆議院
法務委員会）。また，重国籍者を全員把握できない状況で催告を行っ
てしまうと，催告された人とされていない人の間で不公正が生じる

という点も配慮されている可能性があります。

　したがって，14条で定められた国籍選択を行ったのは，法務省によれば1985年から2005年までで約5万1000人であり，当時約50万人と推定された国籍選択対象者のうち約1割を占めるだけでした。さらに16条では，日本国籍の選択を宣言した者に対して外国国籍からの離脱の努力義務を課しています。しかし法的な制裁は規定されていません。また，そもそも外国籍を得るか，そこから離脱するかは，国籍を与えるか否かという当該国の意向次第の面があり，国籍保持者個人の意思ではどうにもならない部分があることにも注意する必要があるでしょう。

　以上のように，日本の法制度は必然的に重国籍を生み出す形式をとっており，かつ重国籍を防止する仕組みを備えているものの，十分な効果を持つものだとはいえません。ただし，効果のなさは日本の責任ではないのです。むしろ，国境を越える人の流れが盛んになったグローバル化時代に重国籍の発生を阻止するのはほぼ不可能といえるでしょう。その結果，前で触れたように，約89万人の人々が重国籍を持っていると推計されるわけです。また，グローバル化時代に重国籍を阻止しようとすることが妥当かどうかも，問われることになるでしょう。

3　なぜ重国籍への対応が違うのか？

▷　忠誠の分裂への懸念

　重国籍への法的対応をEU，イギリス，フィリピン，日本と見てきました。なぜ重国籍に対して寛容であったり制限的であったりと

対応が異なるのかという問いに戻りましょう。近隣諸国が寛容になるとその政策をまねて寛容になるといった「伝播」を強調する研究もありますが，近隣諸国の動向がどうかにかかわらず寛容になる場合がありますし，近隣諸国をまねたとして，なぜまねたのかを説明することのほうが重要です。

そこで注目すべきは，**第1節**でも述べた国家への忠誠やアイデンティティが分裂するのではないかという懸念です。重国籍への対応の違いは，この懸念にいかに対処するかでつくり出されるのです。この点を確認しながら，日本は重国籍に寛容になれるのかという可能性についても見ていきましょう。

▷ お互いに認めよう

EU という一国家を超えた政治体には，すぐ後で見る国家超越的なアイデンティティを供給するという面もあるでしょう。また，個々の加盟国の多くがすでに成熟した国民国家であることも重国籍容認にプラスに働いていることでしょう。しかし EU の場合，最も重要なのは，加盟国同士の相互承認によって重国籍に寛容になっていくというメカニズムなのです。

すなわち EU の事例で明らかなのは，加盟国が増えてきて域内の移動が盛んになると，自国内に他の加盟国の国民が居住し，重国籍が増えていくという過程です。その結果，EU 内で条約をつくり，加盟国同士でお互いに重国籍を認めて寛容になろうということになります。加盟国同士で人々の忠誠を共有しようとする仕組みなのです。その結果，EU 外の外国籍も含め，重国籍が認められる傾向にあります。

日本の場合，この**重国籍の相互承認**というメカニズムが働く可能

性はあるでしょうか。東アジア共同体のような構想は実現しておらず，日本はEUのような超国家政治体に所属していません。また，重国籍になる可能性を持つ外国人居住者にはアジアの近隣国出身者が多いです。ところが，その近隣諸国のいくつかとは多かれ少なかれ国際関係において緊張関係にあります。さらに，日本は民族・エスニシティを共有している人々で建国したという「神話」を持った「エスニック国家」で，まとまった数の外国人・移民を受け入れ始めたのは，1980年代後半という他国に比べると近年のことです。このような事情により，日本において重国籍の相互承認というメカニズムが働く可能性は低いといわざるをえません。

▷ 社会統合の手段

EUとイギリスでかつて見られたのは，国籍を含めた市民権に対する見方の転換です。通常ですと，移民が当該社会に十分統合した結果として，その移民に市民権を与えるというやり方が当然だと思いがちです。ところがEUとイギリスは，市民権を統合を促進する手段として与えるという見方を持っていました。市民権保持と社会統合との関係が逆転しているわけです。たとえば，植民地の原地住民を統治するために市民権を与えるという施策は，この手段的な見方に基づきます。その結果，社会統合を実現するためには，重国籍になろうとも市民権，すなわち国籍を与えたほうがよいということになるわけです。つまり，人々の忠誠よりも社会秩序の形成を重視した仕組みといえます。

しかし，EUおよびイギリスにおける「統合手段としての市民権」という見方は2000年代以降急激にしぼんでいます。たとえば，イギリスでは帰化希望者に英語と市民権に関する授業と試験を課し

始め，さらにイギリスに忠誠を誓う宣誓の儀式まで課すようになりました。ただし，統合手段という見方がかつて存在したという点は日本とは対照的でしょう。すなわち日本では，これまでずっと社会統合の結果として国籍を与えることが当然視されてきました。この当然視は，日本社会の作法や日本文化を完全に身につけてから，すなわち同化してから国籍を与えるのが当然だという態度に結びついていました。このような状態で重国籍を認めようという誘因（インセンティヴ）は，日本では生じにくかったのです。

経済的利益の追求

　EUとイギリス，そして日本の事例では現れていないメカニズムで，フィリピンは重国籍に寛容になりました。

　フィリピンなどのような自国から他国へと移動していく移民が多い移民送出国は，在外同胞が重国籍を持つことに寛容になる傾向を持ちます。それにはいくつかの理由が想定できます。第1の理由は，在外同胞も「国民」なのだという感情，すなわち国境を越えても集合的アイデンティティを共有しやすいということです。周りの少なからぬ人々が国境を越えて移動するのですから，そのような感情を持つことも不思議ではないでしょう。第2に，在外同胞に選挙権を与えることで現政権への支持を獲得しようという政治的な思惑が見られることもあります。しかし第3に，フィリピンでより顕著なのは，先にも述べたように，在外同胞からの投資や送金の獲得という経済的，手段的な目的です。海外の同胞からの投資や送金が国民経済の大きな部分を占めるため，そのような投資や送金をいかにしたら受け取り続けることができるのか，いかにしたらより多く受け取れるかが国家的なイシューとなっているのです。そこでそ

のイシューへの対応の1つが，在外同胞に重国籍を認め，海外に居住していてもフィリピン人だというアイデンティティを維持してもらい，フィリピンへの投資や送金のインセンティヴを持ち続けてもらおうというものなのです。

▭▷　国家を超えたアイデンティティ

　イギリスに話を戻すと，この事例は，もう1つのメカニズムを示唆しています。それは，国家を超えた集合的アイデンティティの設定です。

　EUも，その統合の理念と実践を通じて国家超越的なアイデンティティを人々に供給してきました。加盟国国民は，加盟国の「国民である」というアイデンティティに加えて，「自分たちはヨーロッパ人だ」というアイデンティティをEU加盟のおかげで格段に持ちやすくなっているのです。ただし，イギリスのEU離脱の動きが示すように，加盟国のナショナル・アイデンティティと比べるとEUの国家超越的なアイデンティティは，いまだ制限的で弱いものです。

　一方，イギリスはEUのヨーロッパ統合とは別の経緯で国家を超えたアイデンティティを備えてきました。それは，かつて地球の多くの部分を覆っていた大英帝国に基づく「**帝国**」としてのアイデンティティです。宗主国と複数の植民地で構成された帝国はすでに解体され，現在ではその残滓としてのイギリス連邦しか存在しておらず，政治統合の枠組みとしては弱くなりました。代わりとして提唱されている英語を話す国々の集まり，「英語圏」（Anglosphere）を政治統合の枠組みにしようという提案もいまだ現実性を帯びていません。現在のイギリスのアイデンティティは，イギリス性（Britishness）に基づき，国家レベルのナショナル・アイデンティティに収

敵する動きと，イングランド，スコットランド，ウェールズ，北ア
イルランドのような地域アイデンティティに分散しつつあるように
も見えます。しかし少なくとも重国籍に関しては，帝国時代の超国
家アイデンティティが経路依存的に，すなわち歴史的な経緯のなか
でその効果を保ち，イギリスは寛容な制度を持ち続けているといえ
るでしょう。

　このような超国家アイデンティティは，国家に属する個々人が持
つ国家に対するアイデンティティを包摂し，相対的に重要度を下げ
てしまいます。具体的にいうと，パキスタンという国の国籍を持っ
た者がイギリスという旧宗主国の国籍も同時に持ったとしても，イ
ギリス国籍が「帝国」という超国家アイデンティティをともない，
より上位で包括的な忠誠の向かう先になるだろうから，イギリスに
とって問題はないだろうと判断されるわけです。超国家アイデンティ
ティのおかげで，国籍を複数持つことは寛容に対処されるように
なるのです。

　一方，日本の事情はどうかというと，日本人というエスニック集
団をもとにしたナショナル・アイデンティティが現在でも圧倒的に
優位になっており，そのナショナル・アイデンティティを超えるよ
うな超国家的なアイデンティティが現れる気配はまったくありませ
ん。そのため，現在までのところ国家を超えるアイデンティティに
よる重国籍容認のメカニズムは現れていませんし，今後10年単位
で考えても現れることはないでしょう。

▷　「帝国」から転換した日本

　なぜ日本の公式的な制度は重国籍に対して「不寛容」なのでしょ
うか。その理由の1つは第二次世界大戦直後にさかのぼります。

第二次大戦以前の日本は「帝国」でした。しかし第二次大戦での敗戦を契機にアメリカに占領され植民地を失うなど，帝国時代の遺産をすべて否定することになりました。そして 1952 年サンフランシスコ講和条約を経て，戦後わずか 7 年で日本は「帝国」から「**国民国家**」へと急激に転換しました。この結果，複数の文化を持った人々で社会をつくる契機は失われ，朝鮮半島や台湾の出身者，アイヌ民族，琉球出身者らが居住しながらも，「日本は同質的な社会である」という観念が広まり，民族中心的なエスノナショナル市民権が当然視されるようになりました。複数の国家や文化にまたがる重国籍が許容される余地はなくなってしまったのです。

4 重国籍のメカニズムとこれから

▷　**忠誠分裂の解決法**

最後にまとめておきましょう。なぜある国は重国籍に対して寛容な制度を持ち，別の国は制限的な制度を持つのでしょうか。そのポイントは，複数国家への忠誠の分裂問題にいかに対処するかでした。

相互承認は，それぞれの国家がお互いに重国籍を認めることで，事実上人々の忠誠をその国々で共有しようという解決の仕方でした。統合手段としての国籍付与は忠誠よりも社会秩序の形成をより重視したものです。経済的利益の追求は，在外同胞からの投資や送金などを期待するがために自国の国籍を与えて，在外同胞が重国籍を持つことを許容しようというかたちでの解決です。超国家的アイデンティティという解決法は，個々人の持つ国家への忠誠がより高次の超国家アイデンティティの下では重要ではないと扱われることで忠

誠の分裂が回避されるものだったのでした。重国籍に対して制限的な国は，こうした解決法を持ちにくい国なのです。

▷ 国民国家への含意

　このような重国籍容認の動きは，世界を覆い尽くしてきた国民国家システムに対してどのような含意を持つのでしょうか。スウェーデンの社会学者トーマス・ハマーは，グローバル化時代に国境を越える人の移動が盛んになり，その国の国籍を持たない人々が受け入れ国内に多くなったとき，社会秩序を保つためには2つのモデルがあると主張しました。1つめは投票権モデルです。社会に長期滞在している外国人に対して地方参政権など選挙権を与えることで，社会の秩序を維持するというモデルです。もう1つは帰化モデルです。外国人居住者の帰化を積極的に認め自国の国籍を与えることで，社会を安定化しようというモデルです。

　重国籍容認は，国籍所持者を積極的に増やそうという意味では後者の帰化モデルの方向で理解でき，社会の安定に寄与する可能性があります。しかし一方，国民国家を変容させ社会を不安定にする可能性も持っています。なぜならば，そもそも国民国家は「一個人が1つだけの国家に忠誠心を持つ」ことを前提とした統治原理だからです。重国籍は両刃の剣なのです。

　とすれば重国籍がいま以上に世界中に広がると，国民国家システムは変化していくのでしょうか。変化した先にはどのような統治原理が待っているのでしょうか。それは人々の幸せを確保してくれるものでしょうか。重国籍がないと実利的にもアイデンティティ的にも困る人々が急増している21世紀の世界は，このような課題に直面しているのです。

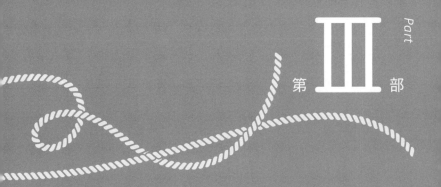

Part

第Ⅲ部

未来編

Chapter

恋は国境を
超えられるか？

Quiz クイズ

Q 7.1　なぜ人々の国境を越える移動は自由ではないのでしょうか。次のなかから最も当てはまるものを選びましょう。
a. 国際法があるから　**b.** 東西冷戦が終結したから　**c.** 超国家統合が進んでいるから　**d.** 国家主権があるから

Q 7.2　日本に滞在している外国人は何人ぐらいでしょう。日本の全人口に占める割合で考えてみましょう。
a. 約 4000 人に 1 人　**b.** 約 400 人に 1 人　**c.** 約 40 人に 1 人　**d.** 約 4 人に 1 人

Q 7.3　日本において，結婚総数に占める国際結婚数の割合はどのぐらいでしょう。
a. 約 3 万組に 1 組　**b.** 約 3000 組に 1 組　**c.** 約 300 組に 1 組　**d.** 約 30 組に 1 組

Q 7.4　両親のうち少なくとも 1 人が外国籍である子どもは，日本で 1 年間に何人ぐらい生まれているでしょう。1 年間当たりの総出生数に占める割合で考えてみましょう。
a. 約 2500 人に 1 人　**b.** 約 250 人に 1 人　**c.** 約 25 人に 1 人　**d.** 約 2.5 人に 1 人

Answer クイズの答え

A7.1　d. 国家主権があるから

国家主権について詳しくは，本文をお読みください。a. 国際法はどちらかというと，国境を越える人の移動を保護する条項を含むことが多いです。b. 東西冷戦が終結したため，世界中で国境を越える人の移動は急増しました。c. 最も発達した超国家統合であるヨーロッパ連合（EU）を見ると顕著なように，超国家統合内部の移動も，内外間の移動も，増加する傾向にあります。

A7.2　c. 約40人に1人

在留外国人数は，2022年現在，全人口の2.5%です。

A7.3　d. 30組に1組

厚生労働省による2021年の調査に基づいた数値です。

A7.4　c. 約25人に1人

少なくとも片方の親が外国籍を持つ子どもは，2021年に3万9660人生まれました。

　A7.2からA7.4をみていかがでしょうか。意外に多いと思いましたか。それとも少ないと思いましたか。

Chapter structure　本章の構成

人の移動の不自由さ

国際移民とは
国家主権とは

→

国家主権を超える方法

多文化社会への社会変動

→

国際移民と「恋」の緊張関係

世代が進むと社会はよくなる？

▷ 映画『恋におちて』

『恋におちて』(*Falling in Love*) という 1980 年代に封切られた映画があります。ロバート・デ・ニーロとメリル・ストリープが出演する作品で，恋と聞くと私はこの映画を思い出します。

ニューヨークに住んでいる 2 人は，クリスマス間近，雪がチラついている夜にニューヨーク・マンハッタンの本屋さんでばったり出会います。2 人は不意にぶつかってしまい，たくさん持っていた本がばさっと床に落ちる。それで「すみません」と謝り本を拾い，そのときはすぐに「さようなら」をします。ところが，お互いに買った本が，入れ替わってしまいました。そして，数カ月後，郊外からマンハッタンへ向かう通勤電車のなかで再会し，恋におちるのです。

恋愛ものにありがちな設定ですけれども，ちょっと大人の恋愛なのです。両者とも妻や夫がいて，にもかかわらず，2 人は純粋な恋におちてしまうのです。おまけに一言付け加えておきますと，デイブ・グルーシン作曲の「マウンテン・ダンス」というテーマ曲が恋物語を存分に盛り上げてくれます。この映画が，私にとっての恋の典型的なイメージです。

▷ 国境を越える移動 + 恋 = ？

ところで国際社会学の中心的テーマは，移民や難民といった国境を越える人々の移動とその影響です。はたして，「マウンテン・ダンス」で描かれたような恋は，国境を越える人々の移動とどのような関係があるのでしょうか。両者はうまく結びつくのでしょうか。

まず前提として，地球はどんどん小さくなっています。もちろん，物理的に小さくなっているわけではなく，本書でも何度か触れてき

たように，いろいろなモノが国境を越えて行き交い，その度合いが
どんどん大きくなっているわけです。そのように行き交うモノの1
つが人です。1980年代の半ば以降，とくに盛んになり「国際移民
のグローバル化」が生じているといわれているのです。

　しかし不思議なことに，国境を越える移動はこれほど活発なのに，
完全に自由ではありません。とくに他のモノに比べて，人の移動の
自由はかなり制限されています。読者のみなさんが，国境を越える
ときのことを思い浮かべてみましょう。飛行機で移動するとしたら，
航空券を買わなければなりませんね。移動する前にはパスポートを
申請することでしょう。行く国によってはパスポートだけではなく，
ビザが必要となります。移動先で働くなど渡航の目的によっても，
滞在期間が長くなる場合にも，ビザが必要です。そしてビザが必要
かどうかにかかわらず，滞在できる期間は通常限定されます。この
ように，移動するいろいろなモノのなかでも，とくに人の移動の自
由は制約を受けているのです。

▷　5つの問い

　すると，次のような疑問が浮かんできます。第1に，なぜ国境
を越える人の移動は自由ではないのでしょうか。第2に，自由に
移動できるように，何か工夫できないでしょうか。第3に，移動
できたとして，その後にも何か不自由が生じないでしょうか。第4
に，それら不自由をいかにしたら克服できるのでしょうか。そして
最後に，社会はこれから国境を越えて移動する人々に対して寛容に
なれるでしょうか。

　これら5つの問いを順番に検討し，国境を越える人の移動と恋
との関係を浮かび上がらせていきましょう。

1 人の移動の不自由さ

▷ **トランプ大統領の衝撃**

　人の国際移動と聞くとアメリカの元大統領，ドナルド・トランプ
のことを思い浮かべる人もいるかもしれません。トランプは，就任
直後立て続けに大統領令（executive order）を出し，そのなかのいく
つかが人の移動を制限するものでした。まず，2017 年 1 月 25 日に
アメリカとメキシコとの国境に壁をつくるという大統領令を出しま
した。その 2 日後の同月 27 日，今度はシリア出身者の難民認定の
無期限停止，中東・アフリカ 7 カ国からの入国の 90 日間停止，難
民受け入れの 120 日間停止および年 5 万人に制限といった内容を
持つ大統領令を出しました。賛成する人々もいる一方，反対の声も
大きく上がりました。いくつかの裁判所が効力の停止を命じたり，
アメリカと関係の深い人には入国を許可するなど条件付きで容認し
たりといった混乱が起こりました。

　なぜ，トランプ元大統領は当時，人の国境を越える移動を制限で
きたのでしょうか。それには実は深い理由があります。すなわち，
大統領という生身の個人を超えた国家の持つ 1 つの性質ゆえに，
人の移動の制限が可能となったのです。その性質は，国家主権と呼
ばれます。

▷ **国際移民とは**

　国家主権を検討する前に，国境を越える人々について考えておき
ましょう。国境を越える人々を指すために，「国際移民」（interna-

tional migrant または international migration）という言葉があります。よく知られている言葉ですけれども，**第1章**でも確認したように，どんな人が国際移民なのかを定義するのは，意外に難しいのです。読者のなかには，国境を越えて移動した経験のある人もいるでしょうが，その目的のほとんどは観光旅行だったのではないでしょうか。では，そのような観光客のことを国際移民と呼べるでしょうか。ほかにもたとえば，商用のために短期間だけ滞在するビジネスマンを国際移民と呼んでもよいでしょうか。

　こうして考えてみると，国際移民という言葉を私たちが使うときには，ある種の前提や含意を持たせているようです。そこで，ここでは国際移民を「国境を越えて移動した人々のうち，生活の本拠を移した者およびその移動」と定義しておきましょう。観光客は生活の本拠を移すことなく移動する人々なので，国際移民には入らないわけです。

　しかし，生活の本拠を移して移動するというのが具体的にどういうことなのかも問題になってくるでしょう。一般に国際社会学や移民研究では，その人が移動先の国にどのくらいの長さ滞在しているのかという年月を指標に用いて判断するようにしています。よくあるのは，移動先の国で6カ月以上滞在しているとか，または1年以上滞在していると，生活の本拠を移したとする見方です。ここでは6カ月以上滞在する人々を国際移民と見なしておきましょう。これは便宜的なやり方ですけれども，国際移民を把握するためには必要で有用なものです。

▷　国家主権とは

　さて，問題は「**国家主権**」（state sovereignty）です。新聞などニュ

ースにはたびたび出てきますけれども，難しい言葉なので定義から確認していきましょう。国家主権とは，「自国の領域内のすべての事柄について最終的に決定することのできる国家の権限」のことです。国家は，領域内のすべてのことを最終的に決めてよいとされています。もちろん決定といっても，民間の会社や大学，地域の団体，家族，そして個人1人ひとりが決めるといった，いろいろな段階があります。しかし，意見が衝突してうまく決められなかった場合や個々の決定のもとになる大枠に関してなど，社会の構成員や構成団体の個々の決定を超えた根本的な段階で物事を決めることが許されているのは国家です。これが，国家主権の考え方となります。

　たとえば，環太平洋パートナーシップ協定（TPP）で関税の撤廃に合意するかどうかについて，農家の人々や関連団体や消費者などの意見を聞くことは重要ですけれども，最終的に決めるのは国家です。また，小選挙区にするのか中選挙区にするのか，比例代表をどの程度組み合わせるのかといった選挙制度の選択も，最終的には国家が決めるしかない事柄です。学校開設の許認可も，地方自治体が権限を持っていることもありますけれども，少なくともその方針や枠組みなどは文部科学省を中心として国家が決めるしかありません。このように領域内のすべての事柄に関して，国家以外で最終的に決める権限を持っている者はいない，という考え方を国家主権は含意しているのです。

　国家主権を構成するもののなかには，国家の存立を大きく左右する中核的要素があります。この中核的要素を手放してしまうと国家の存在根拠が怪しくなり，その存立が危うくなってしまうといったものです。その1つは，領域内に誰を入国させるか，誰を滞在させるかに関する権限です。別の言葉を使うと，誰を社会のメンバー

にするかを決定する権限です。これは「国際移民の管理」に関する権限，すなわち外国人を主な対象とした「**出入国管理**」と「**在留管理**」に関する権限です。

　例を挙げましょう。たいへん大きな話題となったイギリスのヨーロッパ連合（EU）離脱問題です。2016 年の国民投票で離脱に賛成した人々の一番大きな理由は国家主権の回復でした。EU の言いなりになるべきではない，と。では，何に関して言いなりになるべきではないというのでしょうか。いくつか挙げられたなかで，とくに，誰を入国・滞在させるのかをイギリス自身が決めようという主張が大きな力となって，国民投票を離脱という結果へと導きました。

　ちなみに，誰を入国・滞在させるのかに関して国家主権と最も鋭く対立するのは難民です。いったん難民条約を批准すると，その国はノン・ルフールマン原則という規則に従わなくてはならなくなります。その規則とは，難民申請をするために入国した人を，審査で難民ではないと結論づけるまでは国外に送還してはならない，というものです。もちろん，審査の結果，難民認定が相当であるということになれば，その人の滞在を許可しなくてはなりません。すなわち，入国・滞在できる人を国家が自由に決めることができないということになります。難民申請を受け付け，審査をしなければなりませんし，難民条約という規則に従って難民認定の是非を判断しなくてはならないからです。その結果，難民は国家主権と対立することになるのです。**第 4 章**で見たように，これが 2015 年の「ヨーロッパ難民危機」を大きな問題にした 1 つの原因だったのです。

　以上のように，国家は国家主権を持っており，誰を入国・滞在させるのか決めることができます。だから読者のみなさんが，たとえばアメリカへ行って住みたいと思っても，自由にはできません。正

規の手続きを踏んで，アメリカ政府に認められないと入国し滞在することはできないのです。これが1つめの問い，なぜ国境を越える人の移動が自由でないのかに対する答えです。

2　国家主権を超える方法

　それでは，国際移民が自由に国境を越える方法や工夫はないのかという，2つめの問いについて考えてみましょう。もちろん，完全な自由を獲得することは不可能でしょう。しかし，ある程度の自由を獲得する工夫はできそうです。少なくとも，3つの方策があるでしょう。第1に技能を身につけること，第2に資本・資産を身につけること，最後に移動先の国民と結婚して配偶者になることです。

▷ 高度技能移民になる

　1つめの工夫は技能です。別の言葉を使うと，**高度技能移民**になるという工夫です。高い技能を身につければ，かなり自由に国境を越えて入国し滞在することができます。近年日本を含む各国は，高度技能移民の獲得を熱望しています。とくに必要とされるのは，コンピュータや情報処理などに関わるIT技術者です。ほかにも，医師など医療従事者も好まれます。そういった分野の移民たちは引く手あまたなのです。

　しかし，何もせず待っているだけでは高度技能移民はなかなか来てくれません。また，どの人にどの程度の技能があるのか，国家の側では容易にはわかりません。そこでいくつかの国は，国ごとに定めた**ポイントシステム**（points-based system）を採用しています。カ

ナダやオーストラリアは 1970 年代に導入し，遅れて 2008 年にイギリスが導入しました。日本は 12 年，小泉純一郎自民党政権のときに導入し，ポイントシステムに合わせて高度技能移民のための**在留資格**として「高度専門職」をつくりました。

この「高度専門職」では，3 つのカテゴリーに当てはまる人々が優先的に日本に入国し滞在できます。第 1 のカテゴリーは高度学術研究活動です。たとえば大学教授のような人々です。第 2 に，高度専門・技術活動です。ここには情報処理などに関わる IT 技術者が入ります。そして最後のカテゴリーは，高度経営・管理活動です。会社の経営や管理に携わる人々のことです。申請者自身がまずこれらのカテゴリーに当てはまるかどうかを判断し，そして自身で学歴，職歴，年収，年齢などを数値化します。日本の場合 70 点以上をとると，在留資格が得られることになっています。

ちなみに，カナダの移民市民権省のウェブサイトにポイントシステムの試算ができるところがあって，15 年以上前に試してみたことがあります。私の性別は男性，当時年齢は 40 歳ちょっと，学歴は大学院博士課程修了で博士号取得，職業は大学准教授，年収はそこそこ，英語の能力はまあまあ，カナダには親戚も知り合いもいない。このようにクリックしていくと，あなたは何点ですと出ました。当時はかなりいい線いっていたような記憶があります（実際には申請しなかったのですけれども）。

各国は，一生懸命高度技能移民を集めようとしています。しかし日本の場合は，それがあまりうまくいっていないようです。そもそも応募者が少ないのです。それはなぜでしょうか。高度技能移民の多くは日本よりもアメリカやヨーロッパへ行きたいのです。また，日本の企業の多くが高度技能移民よりも単純労働移民を求めている

ようです。一方，日本政府は高度技能移民を入れる目標を立てて，どんどん条件を緩和しています。申請して 80 点以上で採択された人は，1 年滞在したら永住許可を申請できることにしました。許可された在留目的以外の活動もしてよいことにしました。たとえば学術研究目的で申請した人が，別の仕事をすることも許すようになったのです。連れてきた配偶者も，働いてよいことにしました。家事や育児を手伝ってくれる人を連れてきてもよいことにしました。このように条件を緩和して，高度技能移民を引き寄せようとしているのです。

　高度技能を身につけると国家主権を超えることが容易になります。すなわち，高度技能移民ならば，国境を越えるかなりの自由を獲得することができるわけです。

▷　**投資家になる**

　2 つめの工夫は投資家になることです。現在，多くの国では投資家市民権付与プログラム（citizenship-by investment programme）と呼ばれる政策が行われています。自国内で投資を行うことと引き替えに，国籍や居住権を与えようという政策です。評判，生活の質，ビザの使い勝手，手続きの時間と質，法令遵守，投資条件，居住要件，転居の柔軟性，現実に国内居住が必要かどうか，透明性などの評価基準に基づき，国籍付与の観点から高い評価を得ている国には，以下があるといわれています（Henley & Partners 2018）。マルタ，キプロス，オーストリア，アンティグア・バーブーダ，モルドヴァ，モンテネグロ，セントクリストファー・ネイヴィス，グレナダ，セント・ルシア，ドミニカ，ヨルダン，トルコなどです。他方，居住権付与の観点ではオーストリア，ポルトガル，イタリア，タイ，イギ

リス，マルタ，ベルギー，オーストラリア，アメリカ，スイス，カナダなどです。

　これらの国のうち国籍付与でも居住権付与でも評価が高いとされている地中海の島国マルタの事例を紹介しましょう。マルタの最も大きな魅力は，居住・ビザプログラム（Malta Residence and Visa Programme；MRVP）でマルタの居住権を取得すると EU 居住カードも与えられ，EU のシェンゲン域を自由に移動できるという点です。マルタは 2004 年に EU 加盟を果たしています。居住権取得の対象は 18 歳以上で年収 10 万ユーロ以上（日本円で約 1400 万円以上）得ているか，または資本金を 50 万ユーロ以上（日本円で約 7000 万円以上）を所持する者です。そのほかに取得の条件がいくつかあります。① 25 万ユーロ以上を政府債に 5 年以上にわたって投資すること。②政府に 3 万ユーロの返還不可の寄付をすること（そのうち 5500 ユーロは政府行政料金の前払い）。③ 32 万ユーロ以上の不動産購入（南マルタとゴゾ島では 27 万ユーロ以上），または年 1 万 2000 ユーロ以上の不動産賃貸（南マルタとゴゾ島では 1 万ユーロ以上）を行うこと。④その他として，犯罪歴がなく健康で，3 万ユーロ以上の EU 全域で有効な医療保険に家族で入り，事前に返還不可の手付けとして 5500 ユーロを寄付することです。

　マルタの国籍取得プログラム（Malta Individual Investor Programme；MIIP）も高い評価を得ています。国家発展社会基金に 65 万ユーロ（日本円で約 9400 万円）の返還不可の寄付を行い，以下の条件が整うとマルタ国籍とともに完全な EU 市民権が得られます。① 35 万ユーロ以上の居住用不動産を取得し 5 年間保持するか，または年 1 万 6000 ユーロ以上の居住用不動産を 5 年以上賃借すること。② 15 万ユーロの金融商品を 5 年以上保持すること。③家族当

たり5万ユーロ以上の世界で有効な健康保険を保持すること。④
市民権申請までに1年間合法的に国内居住していること。⑤ 12歳
以上の者はマルタ国への忠誠を宣誓しパスポート取得のために出頭
することなど。

これらのマルタのプログラムは、審査過程は厳格で透明性が高く、
審査期間が12カ月から18カ月と比較的短く、費用も比較的安価
であると評価されています。ただ、比較的安価だとはいっても、私
のような大学教師にはまだまだ高嶺の花です。なぜマルタは投資家
市民権付与プログラムを設けているのでしょう。それは、マルタは
小国であり、投資家への居住権や国籍の付与は、新たな歳入を得る
手段となるからです。また申請者たちには、事業を拡大したり、子
どもに教育機会などを与えたり、自国の不安定な政治情勢から逃れ
たりできるという利点があります。その一方で「パスポート（市民
権）を売ってよいのか。（市民権は）DNA の一部のようなものでは
ないか」といった批判もなされています。実際、居住権・国籍取得
者の8割が不動産を購入するのではなく賃借のみをしており、マ
ルタ国内で居住し続ける意思を持っていないともいわれます。

さらに EU は、マルタを強く批判しました。投資家市民権付与プ
ログラムは EU 諸国のうち20カ国が採用しているものの、当初は
国内に居住しなくても65万ユーロ（日本円で約9400万円）を投資す
るだけでマルタ国籍が与えられたため、EU 加盟国の国民が得られ
る EU 市民権の価値を下げていると主張したのです。また、脱税や
マネーロンダリングの隠れ蓑に使われるのではないかという懸念も
表明されました。そこで EU 委員会は、投資家を優遇するいわゆる
「黄金パスポート」（golden passport）の取得を厳しくすべきだとマ
ルタに圧力をかけ、それに対してマルタは市民権取得希望者が申請

前に1年間居住すること，そして115万ユーロ（日本円で約1億6500万円）を投資することというように，条件を引き上げることにしました。

配偶者になる

国境を越える自由を獲得する3つめの工夫は，移動先の国の国籍を持っている人や移動先の国で永住など長期の滞在許可を持っている人と結婚することです。

この配偶者になるという工夫が大きく注目されたのは，1973年に石油危機が起こってしばらくのことです。第二次世界大戦で西欧諸国は経済も社会も非常に荒廃し，戦後復興しなければなりませんでした。そして復興のために，海外から多くの移民労働力を受け入れました。その典型例が旧西ドイツへのトルコ系移民で，いまでもドイツにはトルコ系住民が多く住んでいます。

当時受け入れられたトルコ系移民はゲストワーカー，ドイツ語でガストアルバイター（gastarbeiter）と呼ばれていました。西ドイツ政府も企業も一般の人々も，働き終わったら帰る出稼ぎの人々だと思っていました。移民本人たちの多くも，帰国しようと思っていたのです。そのとき，石油危機が起こりました。続いて急激な不況になり，各国は国境を閉じ始めました。それほど労働力を必要としなくなったので，国境を閉鎖して移民を減らそうとしたのです。さらに1983年外国人帰国支援法などで年金の労働者負担分を返還するなど，帰国奨励策も実施しました。

ところが，第二次大戦後に流入した移民たちは，減るどころか帰国せず，西ドイツに定住してしまいました。なぜでしょうか。いったん帰国し国境が閉じてしまうと，もう西ドイツに戻って来られな

い可能性が高く，そのうえトルコに帰っても仕事はありません。それならば西ドイツに残ろうということになったのです。

そのとき起こったことは，移民本人が定住したことだけではありません。出稼ぎに来たはずの単身男性たちは，自らが定住するだけではなく，妻，子ども，両親など家族を呼び寄せたのです。この呼び寄せを，**家族合流**または**家族再統合**（family reunion）と呼びます。

なぜ家族を呼び寄せることができたのでしょうか。1つの理由は，家族は一緒に暮らすべきだという社会規範があったからです。**社会規範**というのは社会学の用語で，「このような行為をすべきだ，このような社会状態が望ましい」といった考えのうち，社会に広まったもののことです。移民受け入れ国と送り出し国は，この規範を念頭に労働力受け入れの協定を結んでいました。その結果，国境が閉じることになっても移民は家族を呼び寄せることができ，かつ国家は簡単には追い返せないという状況ができあがったわけです。

▷ **日本における配偶者という工夫**

それでは21世紀になった現在も，配偶者になるという工夫は有効なのでしょうか。日本の事例から考えてみましょう。

第5章で触れたように，日本における外国人の在留資格は2種類のカテゴリーに分かれています。復習しておきましょう。第1のカテゴリーは活動に基づくもので，仕事や学業などどんな活動を日本で行うかに基づいて在留を許可するものです。もう1つのカテゴリーは身分または地位に基づく在留許可です。このカテゴリーの中身は，具体的には「特別永住者」「永住者」「日本人の配偶者等」「永住者の配偶者等」「定住者」の5つに分かれています。

永住できる資格には2種類あります。1つは第二次大戦前に主に

朝鮮半島や台湾から日本に移動し居住している外国人とその子孫，すなわちオールドカマーを対象とした「特別永住者」です。もう1つは，戦後流入した外国人を対象とする「永住者」です。どちらも，日本で終生にわたり居住できる在留資格です。いったん日本から出国しても，特段の手続きを必要とせず再入国できます。

　次に，「日本人の配偶者等」は日本人の夫または妻，そして日本人の実子または（原則6歳未満で成立した）特別養子に与えられる在留資格です。また「永住者の配偶者等」では，永住者の夫または妻，そして永住者の実子および（原則6歳未満で成立した）特別養子が対象です。「日本人の配偶者等」と「永住者の配偶者等」は，3年以上婚姻していて，1年以上続けて日本に在留していると「永住者」を申請できることになっています。

　最後に「定住者」というのは，法務大臣が特別な理由を考慮して一定の期間，在留を認めるためのカテゴリーで，ブラジルやペルーなどからやってきた日系人の多くが付与されています。6カ月から5年の滞在が許され，滞在許可の更新が可能です。5年以上日本に滞在していると「永住者」になる道が開けるとされています。

　法務省の統計で，2022年末現在の身分または地位に基づく在留許可のそれぞれのカテゴリーの人数と，外国人居住者全体（307万5213人）に占める割合を見てみましょう。「特別永住者」は28万8980人（10.7%），「永住者」は86万3936人（28.1%）「日本人の配偶者等」は14万4993人（4.7%）「永住者の配偶者等」は4万6999人（1.5%）「定住者」は20万6938人（8.7%）となっていました（法務省出入国在留管理庁 2023）。

　配偶者を含む身分または地位に基づく在留資格の最も大きなポイントは，活動に制限がないことです。とくに，どんな技能レベルの

仕事にも就業できます。日本は非熟練の労働者を海外から受け入れないという出入国管理の方針を採用してきましたから，経済需要の大きい非熟練労働にも従事できる永住者や配偶者や定住者は，貴重な労働力になってきたわけです。

▭▷ 「ロマンチック・ラブ」だけが「恋」ではない

配偶者になって国家主権からの自由を獲得できるのであれば，恋をして移動先の国民や永住者と結婚すればよいとなるでしょう。高度技能や投資の資本を身につけるとともに，恋して配偶者になれば，国家主権を突破できる可能性が高まるのですから。ところが，配偶者になるという工夫には微妙な問題がまとわりついてきます。なぜでしょう。

まず，私たちが「恋」と聞いて即座に思い出すのは，さまざまな「恋」のうちの1つにすぎません。それは「**ロマンチック・ラブ**」（romantic love）と呼ばれる「恋」です。ロマンチック・ラブとは「1人の女性と1人の男性が世俗の利害ではなく，人格的な愛着に基づいて精神的にも身体的にも自分たちの意志で結びつき，いずれは結婚や出産・子育てに結びつくと想定された『恋』」と定義できるでしょう。別の言葉を使うと，「愛と性と結婚を同一の相手と行うこと」と表現できます。

「ロマンチック・ラブ」は，私たちがふだん「恋愛」と聞いて思い出す「恋」に近いと思います。いや，これ以外に「恋」なんてあるのかと思われる方がいるかもしれません。実は「ロマンチック・ラブ」は，近代社会になってから現れた観念だといわれています。近代社会以前には，複数の男女が同時期に結びつくのも「恋」だったし，人格的な愛着ではなくて世俗的な利害で結びつくのも「恋」

で，いずれも社会的に認められていたのです。

　とすると，「恋」が結婚と結びつくとは必ずしも考えられていなかったわけです。お見合い結婚を思い浮かべると理解しやすくなるかもしれませんが，たとえば中世ヨーロッパ騎士階級の間では，既婚夫人の寵愛を受けるという「恋」が社会的に望ましいとされていました。むろん，それは結婚とは関連づけられていませんでした。日本の平安朝文学で描かれている貴族たちの「恋」も，婚姻関係を結んだ夫婦以外で行われていました。

　そもそも「恋」は，人々の欲求と情緒に起因する現象であり，結婚は家族・親族制度に属した現象です。近代社会となって異なる2つの種類の現象が結びついて，ロマンチック・ラブとなったのです。私たちは，近代社会のまっただ中にいるとか，近代社会以後の時代に生きていると社会学ではよくいわれます。ですから，そんな私たちにはロマンチック・ラブ以外の「恋」を思いつくことが，なかなか難しいのです。

▷　**偽装結婚？　恋は手段？**

　ところが，配偶者になるという工夫に関しては，現代のロマンチックなイメージを裏切るようなことも起こりえます。ロマンチック・ラブをして配偶者になることは簡単なことではありません。たとえば，うまく日本人と恋をして結婚できれば日本に滞在できるとはいえ，ほとんどの外国人にとって日本人との恋はなかなか難しいものです。ましてや結婚までこぎ着けるのはたいへんでしょう。そして結婚し配偶者になったとしても，それが人格的愛着の結果なのかどうかが問題になることがあります。

　具体例として映画を挙げましょう。まずは映画『グリーン・カー

ド』（Green Card）です。アンディ・マクダウェル扮するアメリカ人
女性ブロンティと，ジェラール・ドパルデュー扮するフランス人男
性ジョージがニューヨークで結婚します。でも，2人は結婚したと
きが初対面でした。女性は温室のあるアパートに入居したいけれど
も，単身では無理。男性は永住権（グリーンカード）を取得してアメ
リカで住み続けたいけれど，取得はかなり難しい。そこで，2人の
思惑が一致するわけです。書類上だけで結婚しよう，と。しかし，
移民帰化局（当時）の査察官が，偽装結婚ではないかと立ち入り検
査し，根掘り葉掘り2人を問いただします。2人はそれをなんとか
頑張って切り抜けようとするのです。この映画は結末がとてもロマ
ンチックで楽しいのですが，配偶者という工夫について考えさせら
れてしまいます。

　もう1つの映画は『ニューヨークの巴里夫（パリジャン）』（Casse-
tête chinois）です。フランス人男性のグザヴィエを主人公にした3
部作の1本です。グザヴィエの奥さんはグザヴィエと離婚してパ
リを去り，アメリカ人と再婚してニューヨークで暮らし始めます。
その際，子どもも連れて行ってしまったのですが，グザヴィエは子
どもに会いたい。でもパリからニューヨークはすごく遠い。そこで
ニューヨークに移住しようと考えるのです。でも，アメリカの永住
権を取得するのはすごく難しい。そこでビザ取得が得意な弁護士に
勧められたのは，アメリカ人女性との結婚だったのです。そう，こ
の映画でもまた偽装結婚が企てられます。テーマは少々重いですけ
れども，コメディタッチに仕立てられているので，とても楽しく見
られる映画です。

　配偶者という工夫には，以上のようなことがまとわりついてしま
います。配偶者になるといっても難しいので，少なからぬ移民たち

が抜け道を探しているのです。そして誰が抜け道を使っているのか，誰が本当のロマンチック・ラブをしているのか，見分けるのは容易ではありません。そこで，各国の移民管理の当局は配偶者の滞在許可の審査を厳格に行う傾向にあるのです。

　日本に滞在している外国人も例外ではありません。多くの外国人居住者のなかで，フィリピンから来た人々の一部に着目しましょう。近年，ビザの配給が厳しくなりましたが，かつて少なからぬフィリピン人女性が興行ビザで日本に滞在していました。興行ビザは，別名「エンターテイナー・ビザ」と呼ばれ，歌ったり踊ったりする仕事に就く人々のための在留許可です。しかし歌ったり踊ったりして十分なお金をもらえる仕事はそんなに多くはないので，実際にはフィリピン人女性の多くが飲食店や風俗業で働きました。興行ビザは数年で切れますから，滞在を続けるには更新しなければならず，滞在が不安定になってしまいます。そこで，フィリピン系女性たちのなかには，日本人の配偶者になることをめざした人々もいました。とくに，店のお客さんと結婚しようとしたのです。

　ここからがちょっと微妙な話で，もちろん人格的愛着を感じ合ってロマンチック・ラブをして結婚した人も多い一方，ビザがほしいがゆえに打算的に結婚した人もいるようです。さらに結婚したとしてもうまくいかず，離婚してしまう場合も多いようです。このような事態を踏まえて，日本のフィリピンパブで調査をした南カリフォルニア大学のある教授は，フィリピン系女性たちは "making love for visa" と割り切っていると私に語っていました。この表現は少々露骨ですけれども，少なからぬ女性たちの結婚が，ロマンチック・ラブの結果ではないことをよく表しています。

　ほかにも，配偶者になって国境を越えるという工夫には影の部分

が見え隠れしています。農村などに嫁ぐ外国人女性について取り上げてみましょう。すでに韓国や台湾ではかなりの数に上っており，日本でも東北地方などで見られます。もちろん幸せな結婚生活を送っている人も多い一方，事前に一度も会うことなく結婚したり，結婚しても他国での生活になじめないといった事例も報告されています。そうした影の1つとして，アメリカでは「通販花嫁」(male-order bride) という表現もあります。カタログで注文すると，花嫁が送られてくるというイメージです。

　また，いわゆる「強制結婚」も問題になります。南アジアなどの国で親がまだ10代の若い娘に結婚を強制し，新郎が自分の住む西欧諸国へ連れて行くという事例が報道されることがあります。これはある種のお見合い結婚のように見えるものの，女性の意思や人権が侵害されていると問題視されているわけです。

　このようにいろいろな問題がありながらも，恋が国家主権に対抗して，国境を越え他国に滞在する工夫になりうることは否定できません。その恋が近代的なロマンチック・ラブかどうかは別にしても。

3　多文化社会への社会変動

▷　「単一民族神話」という不自由

　続いて3つめの問いを考えましょう。国境を越える人の移動ができたとして，その後にも不自由をもたらすものがあります。**単一民族神話**という言葉を聞いたことがあるでしょうか。簡単にいうと「ここは単一文化を持つ単一民族でできた国または社会である，またはそうあるべきだ」という考え方のことです。なぜこの考えが神

話といわれるかというと，まったく現実を反映していないからです。完全に単一民族でできた国や社会などこれまでありえかったし，これからもありえません。どんな社会も，多かれ少なかれ複数の文化的背景を持つ人々や複数の民族的背景を持つ人々によって構成されています。いろいろな背景を持つ人々が1つの社会で一緒に生活しているし，一緒に生活せざるをえません。ところが，21世紀になった現在でも，どの国にも単一民族神話を信じている人々がいます。たとえば，在日コリアンを攻撃するヘイトスピーチをする人々は，単一民族神話を信じている可能性が高いでしょう。現在の日本を単一民族国家だと思っているわけではないとしても，過去はそうだったとか，将来は単一民族国家になるべきだとか，そんなことを考えていることでしょう。

　単一民族神話を信じている人々が一定数社会に存在すると，人の移動がさらに不自由になります。国家主権を過度に維持しようとする厳しい出入国管理を求める傾向があるからです。さらに困ったことに，ヘイトスピーチのように他の民族の人々や他の文化を持った人々を排除したり，差別をしたりする可能性が高くなります。これは移動してくる移民たちに対して不自由をつくり出す一方，受け入れ社会のマジョリティの人々やすでに定住している移民たちにとってもつらいことで，社会正義を損なうことにもなります。また，マジョリティの人々やマイノリティの人々から多文化を経験する機会を奪うという意味でも，不自由を生み出してしまいます。

　このように単一民族神話はいろいろな不自由を引き起こしてしまうにもかかわらず，日本ではこの神話が長期にわたって信じられてきました。近年，この神話を信じる人は少なくなったものの，いまだに信じている人や信じたい人が根強く存在しているのも事実なの

です。

多文化社会化する日本

　ここで4つめの問いについて考えてみましょう。いかにしたら，人の移動に不自由をもたらす単一民族神話を克服できるのでしょうか。**第1章の表1.4**は，**第5章**のクイズでも少々触れたのですが，日本に滞在する外国人がどこの国から来たのかを多い国から並べたものです。ただし，統計の取り方が変わる以前は中国と台湾は一緒のカテゴリーで，また韓国と北朝鮮（表記上は「韓国・朝鮮」）も1つのカテゴリーでした。ベトナムとネパールが急激に増えていることは少々意外かもしれません。あとはだいたい予想どおりの国々が並んでいることでしょう。

　一見してすぐわかるように，単一民族神話は現実から乖離しています。1985年の段階では約85万人だった在留外国人は，2022年には307万5200人と3倍以上にまで増加しています。日本では，毎年1万人程度が日本に帰化していますけれども，帰化した人々はこの表からは除かれています。このように，さまざまな文化を持つと思われる人々が，少なからず日本に居住しているのです。

　ただし，日本の全人口に占める在留外国人の割合を見ると，2022年末現在2.5%なので，他の先進諸国と比べてまだ小さいことも確かです。お隣の韓国はというと，19年現在，日本の2倍に近い4.9%です。しかしそんな日本でも，2.5%ということは日本に住む40人に1人は外国人ということになります。また，外国人は万遍なく日本全土に住んでいるわけではなく，都市や都市近郊に集住する傾向を持っています。すなわち都市部に着目すると，その多くでかなりの割合の外国人が滞在しています。そういった現実が，

どんどん単一民族神話を壊しているのです。

このような現実にもかかわらず，まだ単一民族神話を信じている人がいたり，ヘイトスピーチのような事件は止むことがありません。悲しいけれども，これもまたこの国の現実です。では，どうすれば単一民族神話を克服できるのでしょうか。われわれのする恋は，その克服に役立つのでしょうか。

国際結婚の増加

恋は2つの効果をもたらすので期待を持てそうだと，これから述べていきます。効果の1つは，すでに触れた結婚，もう少しいうと国際結婚です。実は「国際結婚」という言葉は，ヨーロッパ諸国や北アメリカ諸国では，ほとんど使われません。たとえばイギリスでは，「混合結婚」(mixed marriage)，「異文化間結婚」(intercultural marriage)，「異人種間結婚」(interracial marriage) という言葉は使われますけれども，「国際結婚」(international marriage) とはいいません。シンガポールなどアジア諸国では「国を越えた結婚」(cross-national marriage; transnational marriage) という一方，「国際結婚」という言葉を使うこともあります。ただし，日本ほど「国際結婚」という言葉が人口に膾炙しているわけではありません。日本が「日本人」と「外国人」という二分法に固執している証左でしょう。

日本における国際結婚の新規件数の年ごとの変遷を見てみましょう（**図7.1**）。1970年に5000件ぐらいだったその数は，80年代半ばあたりからかなりの勢いで増加し，2006〜7年ぐらいを頂点にして減少しています。なぜ減少したのでしょうか。08年にアメリカでリーマン・ショックが起きて，世界金融危機に発展しました。その結果，日本も不況となり外国人居住者が減り，国際結婚の減少につ

図 7.1 国際結婚の新規件数

（千件）

（出所）厚生労働省（2023）をもとに作成。

ながっていったのです。国際結婚の中身を見ると，「日本人夫，外国人妻」のほうが「外国人夫，日本人妻」の組み合わせよりも多く，前に触れたエンターテイナーの女性たちの事例と合致するような結果になっています。

　それでは，「国際結婚が減った」と言い切れるかどうかを確かめるために，日本における結婚全体のなかで国際結婚が占める割合を見てみましょう。**図 7.2** によると，やはり 1970 年あたりから 2006～7 年あたりまで急激に増加し，そして減少に転じています。総数の変遷と同様の傾向を示しているといえるでしょう。

　それでは，結婚総数に占める国際結婚数の割合がどんなことを意味しているのか考えてみましょう。ピークの 2006～7 年あたりでは，15 組に 1 組が国際結婚であった一方で，21 年には 30 組に 1組が国際結婚という割合になっていました。この数値はほかのいくつかの国と比べると小さなものです。たとえば，韓国では 05 年のデータで 7 組から 8 組に 1 組が国際結婚でした。台湾にいたって

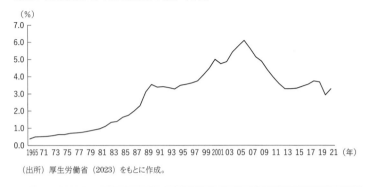

図 7.2 結婚総数に占める国際結婚の割合（年次）

(%)

(出所) 厚生労働省 (2023) をもとに作成。

は 03 年の時点ですでに 3 組に 1 組が国際結婚でした。それらと比べると，日本の数値は小さいわけです。とはいえ日本においても1970 年代と比べると国際結婚は大きく増えているので，単一民族神話とはかけ離れた現実が進行していることは明らかでしょう。

　このように恋の結果である国際結婚は，国境を越える人々への不自由につながる単一民族神話に対抗する現実をつくり出しているのです。

▷ 多文化な子どもたち

　恋にはもう 1 つの効果があります。恋は国際結婚につながり，子どもたちをもたらします。すなわち，恋の 2 つめの効果は，多文化な背景を持った子どもたちを生み出すことです。

　厚生労働省が 2021 年に行った人口動態調査（国立社会保障・人口問題研究所 2023）を参考にしてみましょう。すると，両親のうちどちらかが外国籍を持っている子どもたちは 1 万 6225 人います。さ

らに，両親ともに外国籍の子どもが1万8435人いますから，以上を合わせると3万4660人となります。同年に生まれた子どもたちの全体数は83万57人ですから，多文化化に寄与している子どもたちは子どもたち全体のなかでほぼ4%で，約25人に1人ということになります。小学校の1クラスに1人ぐらいは多文化な子どもたちがいるわけです。

　ただし前述したように，外国人の子どもたちは日本全体に万遍なくいるわけではなく，都市部を中心にいくつかの地域に集住しています。そのような地域の学校の教室では，多文化な子どもたちがかなりの割合を占めているのです。このような多文化な子どもたちの多さからも，単一民族神話はガラガラと崩れ落ちていくことでしょう。ちなみに，多文化な子どもの母親の出身国に着目すると，中国，フィリピン，韓国および北朝鮮，ブラジルが多くなっています。

　多文化な子どもたちが単一民族神話の力を削いでいると期待できるもう1つの根拠は，この子どもたちを呼ぶ名称の変遷です。かつて日本では「あいのこ」とか「混血児」といった否定的な呼び方がよく使われていました。しかし1970年代あたりから「ハーフ」や「クォーター」という言葉で肯定的に語られ始めました。80年代あたりからは，日本とフィリピンにルーツを持つ子どもたちを「国際児」と呼ぼうとする動きが出てきました。また，肯定的な意味合いが込められた「ダブル」という言葉も広まりました。学術用語として「**文化を横断する子どもたち**」(cross cultural kids；CCK) や「**第3文化の子ども**」(third culture kid；TCK) が使われることもあります。

　差別を覆い隠しかねないなどの問題はありながらも，名称の移り変わりは全体として多文化な子どもたちのイメージが次第によくな

り，その存在が認められるようになってきていることを示しています。この点でも，現実と単一民族神話との距離がどんどん大きくなっていることがわかるでしょう。

　人の移動に関わる1つめの不自由は国家主権，もう1つの不自由は単一民族神話でした。この単一民族神話による不自由も恋が克服のための力を与えてくれています。恋は国際結婚につながり，そして多文化な子どもたちを生み出し，日本に限らず世界各国を多文化社会にしています。単一民族神話は，**相対化**されていくのです。相対化とは，以前には当たり前だと思われていたことが，当たり前のことではないと見えるようになることを指しています。

家族の多文化化

　国際結婚や多文化な子どもたちが増加すると，多文化社会はさらに多文化化していきます。その行き着く先の1つは家族内部の多文化化でしょう。

　『最高の花婿』という映画を観たことがあるでしょうか。田園風景の広がるフランスのロワール地方が舞台で，お父さんとお母さんが邸宅に住んでいます。お金もあって，生活に何も困ったことはありません。ただ気がかりなことがあるとすれば，4人の娘たちが結婚できるかどうか。ただ単に結婚するだけではなく，お父さんとお母さんが結婚式を挙げた地元の教会で結婚式を挙げてほしい……ということは，カトリックの背景を持った人と結婚してほしい，というわけです。

　ところが，えてして子どもというのは親の思いどおりのことはしません。最初の娘は，イスラエル出自のユダヤ系男性と結婚してしまいます。2番めの娘の相手は，アルジェリア出身のアラブ系でイ

スラム教徒でした。3番めの娘に期待するものの，連れてきた結婚相手は中国系でした。このあたりでお母さんとお父さんは寝込んでしまったり，釣りに行くなどの逃避行動に出たりします。

この家族は，集まって食事をしても，多文化ならではの話題で夫同士がけんかをします。ユダヤ教徒の割礼は野蛮だとか，イスラム教徒はどうして豚を食べないのかとか，中国系は他人に配慮しないとか，けんかの火種は尽きません。そしてお父さんがその場を取り繕おうと懸命になるのです。さあ，4番めの末娘はカトリックの教会で結婚式を挙げられるような相手を見つけてくるのでしょうか。これがこの映画の肝になります。

多文化な家族の話題は，下手をすると深刻な話や湿っぽい話になりかねないにもかかわらず，見事にジョークへ落とし込んでいる映画でした。続編も2本出ていて，こちらもおすすめです。けんかをしても丸く収まるのは，多文化社会の理想のかたちの1つではないでしょうか。このように多文化社会の究極は，家族内部の多文化化でしょう。

4 国際移民と「恋」の緊張関係

▷ 世代が進むと社会はよくなる？

最後の問いを考えましょう。将来，国際移民や外国人に関する不自由は，減っていくのでしょうか。社会は寛容になっていくのでしょうか。ヘイトスピーチや単一民族神話は今後どうなっていくのでしょうか。

古い世代が新しい若い世代と置き換わると社会は変わっていくと

よくいわれます。たしかに世代によって意識や行為パターンは異なるので，社会学はさまざまなことを世代で説明しようとします。たとえば，自民党など保守政党の支持率，性的マイノリティ（LGBTQ）に対する寛容度，「妻が家事をする」「夫が外で働く」といった性的役割分業に対する態度などを世代の違いで説明しようとするのです。ほかにも，若い世代のほうが韓国文化など他国の文化に親しみを持つとか，学生運動の華やかなりし頃に学生生活を送った団塊の世代は，より寛容でリベラルな考えや行動をとるなどともしばしばいわれてきました。

　1つの見方として，社会学者が行ってきた世代による説明を応用すると，一般的に外国人・移民に対する意識や社会規範は，世代が新しくなると寛容になっていく傾向が見て取れることでしょう。しかし，このときの「世代の持つ特性」とはなんでしょうか。その中身は，新しい世代のほうが社会の多文化な状況に慣れ，それが当たり前になるがゆえに，寛容になるということではないでしょうか。その結果，ヘイトスピーチも単一民族神話も徐々に弱まっていくのではないかと期待されるわけです。

　とはいえ，新しい世代が外国人・移民に寛容になる傾向を持つといっても，少なくともその一部が非寛容に転じてしまう事態も十分に想定できます。経済的な不況になると，非寛容な人が増えるかもしれません。また何かの出来事が起きたとき，たとえば日本近海で国境紛争が起きたりすると，日本に居住する外国人への反感が増大してしまうかもしれません。出来事の例として，ヘイトスピーチに関わる活動家の多くが，活動を始めるきっかけとして2002年日韓共催ワールドカップでの韓国ファンの熱狂的な応援を挙げています。国際友好をめざしたスポーツイベントという出来事が非寛容な活動

の引き金になるとは，皮肉としかいいようがありません。

　『冬のソナタ』に端を発した韓流ドラマのおかげで，一時期，韓国のイメージはよくなる動きをみせていました。その動きは，重なるようにして現れたいわゆる「嫌韓」の動きで弱められてしまいました。しかし，『冬のソナタ』が日本で放送されて20年ほど経ったいまでは，ネットフリックスで韓国のドラマが人気を得たり，K-POPや韓国コスメが流行したりするなど，少なくとも若い世代には韓国文化が再び支持されるようになっています。

　新しい世代が多文化な状況に慣れるのは，社会がどんどん多文化になっているからです。多文化化を推進していくのは新しい世代が中心になりますし，その動きを促す大きな要因になるのは国際結婚であり，その結果としての多文化な子どもたちなのです。そしてもちろん，国際結婚と多文化な子どもたちを生み出すのは，恋です。

▷ 不思議な恋のゆくえ

　本章の結論へ進みましょう。

　第1に，なぜ国境を越える人の移動は自由ではないのでしょうか。その最も大きな理由は国家が国家主権を持っており，人の移動を管理することで自らの存立を確実なものにしようとしているからです。

　それでは第2に，国境を越えて移動し滞在する自由を獲得する方法はあるのでしょうか。いくつかの方法として，高度技能を身につけたり，投資の資本を蓄えたり，移動先の国民や永住許可を持つ人と恋して配偶者になれば，かなり自由に国境を越えて滞在できます。ただし，配偶者への滞在許可について，各国当局の態度が厳格になってきていることも確かです。

第3に，移動ができたとして，外国人・移民に関して不自由を引き起こす要因は何だったでしょうか。それは単一民族神話でした。「この国家・社会は単一の文化を共有した単一の民族でできている，またはそうあるべきだ」と信じている人々が残存しているわけです。

　第4に，21世紀になってもまだ一部に根強く残っているこの神話をいかにしたら克服できるのでしょうか。これには，恋が力になってくれそうです。恋は国際結婚を生み出し，国際結婚は多文化な子どもたちを生み出します。単一民族神話とはかけ離れた現実をつくり出し，世代が更新するに従い「この国・社会は単一民族だ」などといえなくなっていくのです。

　そして最後に，社会は国境を越えて移動する人々に寛容になれるのでしょうか。これにも恋が力になってくれるでしょう。恋というのは，きわめて個人的な事柄です。誰かに許しを得たり，頼まれたりしてするものではありません。しかし，そんな個人的な事柄が重なっていくと，公の国家主権を超える社会的な「力」になっていくのです。

　「恋で国境を超えることができるのですか」という問いに対しては，いろいろな問題はありながらも「はい，きっとできます」と前向きに答えて，本章の結びといたしましょう。

　恋って，不思議ですね。

市民権から見た領土問題の不思議

第 8 章

Quiz クイズ

Q 8.1 次のうち，2023 年 3 月時点で，他国との間で領土問題になっていない場所はどこでしょう。
a. 北方領土　**b.** 小笠原諸島　**c.** 竹島　**d.** 尖閣諸島

Q 8.2 国家や共同体への貢献よりも，個人の自由と権利を重視する政治的および道徳的な原理，考え方および実践を何というでしょう。
a. コミュニタリアニズム　**b.** キャピタリズム　**c.** リベラリズム
d. ネオリベラリズム

Q 8.3 2023 年 3 月現在，日本で暮らしている外国籍の住民が享受を許されていない権利は，次のうちどれでしょう。
a. 児童手当の受給　**b.** 国民年金への加入　**c.** 国公立大学の教授への就任　**d.** 地方参政権

Q 8.4 第二次世界大戦終了から 1990 年代初頭までドイツが自国領だと主張してきた東方領土は，主にどの国の統治下に置かれてきたでしょう。
a. ポーランド　**b.** ウクライナ　**c.** ルーマニア　**d.** セルビア

Answer クイズの答え

A8.1　b. 小笠原諸島

小笠原諸島は，明治以来日本の領土とされてきましたが，欧米系の住民も住んでいました。第二次世界大戦後のサンフランシスコ平和条約でアメリカの施政下に置かれ，1968 年に日本に返還され，今に至ります。**a.** 北方領土はロシアと，**c.** 竹島は韓国と，**d.** 尖閣諸島は中国と領土問題になっています。

A8.2　c. リベラリズム（liberalism）

a. コミュニタリアニズム（communitarianism）は，共同体とその価値を最も重視する政治的原則，政治的な考え方で，リベラリズムの対局に位置づけられます。**b.** キャピタリズム（capitalism）は日本語でいうと「資本主義」のことで，生産手段の私的所有と人々の個人的利益を肯定する考え方，そしてそれらに基づき経済を動かす方法のことです。**d.** ネオリベラリズム（neoliberalism）は，**第 4 章の Answer** にも登場しますが，国営企業や福祉給付など政府による社会および経済への介入をなくし，個人の自由や自己責任，自助努力に基づき政治，経済および社会を運営するべきだとする考え方と，それに基づく実践のことです。リベラリズムと似ていますが，異なるのですね。

A8.3　d. 地方参政権

西ヨーロッパ諸国など少なからぬ国で外国人住民に認められている地方参政権ですが，日本ではまだ認められていません。**a.** 児童手当の受給，**b.** 国民年金への加入，**c.** 国公立大学の教授への就任の 3 つについては，日本人に限るとした国籍条項が 1980 年代初頭に撤廃されました。

A8.4　a. ポーランド

東方領土と呼ばれたのは東ドイツ（当時）の東，オーデル・ナイセ線に面した地域で，ソビエト連邦（当時）に併合された部分もありますが，その多くをポーランドが統治しています。

Chapter structure 本章の構成

▷ **先鋭化する領土問題**

　近年，日本近海が騒がしいことになっています。尖閣諸島，竹島，北方領土などをめぐって，政治家もメディアも一般大衆も真剣そのものですし，日本，中国，韓国，ロシアといった当事国のどれも譲り合う気配がありません。日本近海に限らず，似たようなことが世界中の多くの地域や国同士で起きています。ロシアによるウクライナ侵攻も領土をめぐる類似の問題といえるでしょう。しかしなぜ，このように国境をめぐる**領土問題**は先鋭化するのでしょうか。

　1つの答えは，国民国家が国際的な秩序の基本的単位となり，世界が二重の意味で複数の国民国家に排他的に（重ならないかたちで）分割されてきたということです。二重の意味というのは，第1に，国民国家が成立するためには「領土」（territory）が必須です。すなわち，自らの領土を持っていなければ国民国家は成立しえないのです。そこで，南極などの例外を除いた世界の全領域は，どこかの国民国家に排他的に帰属する「固有の領土」へと分割されていったのです。第2に，国民国家が成立するためには「国民」（nation）と呼ばれる「人々」が存在しなくてはなりません。すなわち全世界の人々は「国民」という「固有の人々」へと分割されていったのです。

　このように，近代以降の世界秩序は国民国家を基本単位として成

立しています。すなわち，ある「領土」とある「人々」は，ある1つの国民国家だけに帰属し，他の国家には帰属しないという理念のもとに成立してきたのです。この二重の存立条件により，国民国家は現実味の薄い「擬制＝フィクション」に陥ることなく，政治的に実在し世界に秩序をもたらすことのできるリアルな単位になったのでした。

　以上のように考えると，なぜ領土問題がきわめて重要な争点になるのかがよくわかります。国民国家が自分の領土を他国に譲ることは，自らの存在根拠を危うくしかねないだけでなく，世界秩序を揺るがしかねないのです。そのため，領土問題は譲歩しがたい争点として各国政府や国民たちに対して立ち現れるというわけです。

　しかし，ここで新たな疑問が思い浮かぶことでしょう。国民国家の二重の存立条件のうち，「領土」についてはイメージをつかみやすい一方，「人々」についてはどのような状況になっているのでしょうか。近年，人の国際移動がきわめて盛んになり，多くの国際移民が自国ではない他国で滞在しています。1つの国に長くとどまることなく別の国へと移動を繰り返す人も多いといわれています。第6章で見たように，重国籍を持つ人々もいます。ということは，国民国家は少なからぬ「固有でない人々」をその内部に取り込んでいるのではないでしょうか。すなわち，国民国家は「固有でない人々」をも包摂し共存せざるをえなくなっているのではないでしょうか。さらにいえば，もし包摂・共存しているとすれば，国民国家は今後どのようになっていくのでしょうか。

　領土問題は「領土」の国境を引き直すかどうかという問題です。一方，「国民」以外の人々の滞在を許すかどうかという問いは，「人々」の間に国境線を引き直すかどうかという問題です。「領土」

に関する国境変容と「人々」に関する国境変容とは，どこが異なるのでしょうか。本章では，国境変容の問題を「人々」の観点から考察し，領土問題に対する新たな見方を提供しましょう。

1 ナショナル市民権の登場

▷ 「国民」の登場

国民という「固有の人々」が現れたのは，もちろん国民国家の登場と同時でした。今日，世界で機能している国民国家システムはまず，1648 年のウェストファリア条約の締結によって神聖ローマ帝国に代わり主権国家体制が確定され，1789 年のフランス革命で国民と国家との一体化が完成したというのが通説的な理解でしょう。この過程で領土は，帝国ではなく主権国家にとって統治すべき「国有の領土」となったのです。

近年この主権国家に関する通説には異論が提出されています。たとえば政治学者のステファン・クラズナーは，ウェストファリア条約以前に神聖ローマ帝国内部の諸侯は領地を統治する権利をすでに持っており，同条約はその権利を後追い的に認めただけだと主張しています。さらにクラズナーは，同条約後，現在に至るまで，完全な主権国家など存在したことはないというのです。しかし，遅くとも 18 世紀の終わり頃までに「国民」という考え方が登場し世界中に広まっていったことは，認めてもよいでしょう。

▷ 「市民権」の変容

「国民」が現れる前はどうなっていたのだろうと疑問を持たれる

図 8.1　市民権の構造

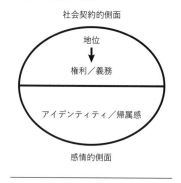

社会契約的側面

地位

権利／義務

アイデンティティ／帰属感

感情的側面

方もいるでしょう。古代ギリシアや古代ローマの時代から社会のメンバーを確定するための考えはありました。それは，本書で何度か触れた市民権（citizenship）です。その中身は社会契約を示す「地位」（status）と「権利と義務」（rights and duties），そして情緒的側面に属する「アイデンティティ」（identity）の3つの側面で構成されるものです（**図 8.1**）。すなわち，ある人は社会のメンバーであるという「地位」を持ち，それにともない社会に対して「権利と義務」を得る。そしてその人はメンバーにふさわしい「アイデンティティ」を社会に対して持つ。これが，市民権なのです。

　古代ギリシアや古代ローマの時代以来，市民権は徐々に変容していきました。そして近代においては「国民の地位」となり，「国民に対する権利と義務」をともない，「国民としてのアイデンティティ」を持つ者が持つべきものになりました。すなわち，市民権は国籍と同一視されることになったのです。このように近代において優位になった市民権のタイプを**ナショナル市民権**（national citizenship）と呼びます。

　こうして，ある領土が主権国家観念を介して国民国家が統括すべき「ナショナルなもの」とされたのと同じように，ある一群の人々もナショナル市民権を介して国民国家に固有の「ナショナルなもの」と見なされていったのです。

2　市民権の変容か？

▷　市民権のリベラル化仮説

　ところが，西ヨーロッパ諸国，北アメリカ諸国，そしてオセアニアの旧大英帝国植民地諸国であるオーストラリアやニュージーランドは「人々」に関して，ナショナルな傾向とは異なる別の傾向をみせているようです。これら諸国は「**市民権の快適地域**」（the comfort zone of citizenship）と呼ばれることがあります。領土に関しては譲歩が難しい国民国家が，同じく国民国家の存立条件であるはずの「人々」に関しては譲り始めており，外国人のような「固有でない人々」を内部に包摂しているといわれます。すなわち，「人々」の国境が開放的になり，「人々」に対して快適になってきているというのです。

　それでは，どのような意味で快適なのでしょうか。この傾向を市民権の視角から最も包括的に議論したのは，社会学者のクリスチャン・ヨプケでしょう。ヨプケは，国際移民の増加にともなって市民権の3つの側面が次のように変容したと主張しています。

①地位の側面に関しては，帰化などによって国籍取得が容易となり，国民が民族的エスニック的に多様になる。

②権利の側面に関しては，福祉国家に基づく社会的諸権利が衰退しつつ，代わりに外国人が差別を受けない権利とマイノリティが集団として得られる権利が強調されるようになる。

③アイデンティティの側面に関しては，国民がエスニシティ的，民族的，文化的に多様化すると，国民を統一や統合へと向かわ

せる求心力が失われる。国家は国民の統一と統合を達成し維持するため市民権の性能を向上させようとするものの，どの国にも当てはまるようなリベラルで普遍主義的な用語でしか行うことができず，求心力につながるような個々の国の固有な価値を国民に求めることができない。

このようにまとめられる考えを，**市民権のリベラル化仮説**と呼びましょう。リベラル化とは，人々を外部に排除するよりも内部に包摂する寛容な傾向のほうが強くなったということです。もし市民権がこのようなリベラル化の傾向を持つとするならば，国民国家のもう1つの存立条件である領土とは対照的です。すなわち，包摂にはほど遠い「領土」の国境に比べて，「人々」の国境は急激に緩んでいるということになるでしょう。

しかし市民権がリベラル化しているとは，具体的にどのようなことでしょうか。人々と人々の間の国境は，本当に開放的になっているのでしょうか。ヨプケの議論に沿って市民権の3つの側面である地位，権利，アイデンティティの順に見ていきましょう。

▷ 地　位

まず地位の側面において，「人々」の国境が開放的になっているとはどのようなことでしょうか。市民権のリベラル化仮説は，国籍継承，帰化，二重国籍において市民権の地位は移民・外国人に対して開放的になっているとしています。

第1に，子どもへの国籍継承に関して**血縁主義**を採用してきた国々のなかに，補完的にではあれ**出生地主義**の規則を取り入れ始めた国があるという点です。血縁主義は親が自国民である子どもにしか国籍取得を認めないために閉鎖的である一方，出生地主義は領土

内で生まれた子どもに国籍取得を認める点で開放的なのです。したがって，出生地主義が広まれば，たしかに地位の側面は開放的になるといえそうです。ただし，伝統的に出生地主義の国でさえも，子どもが領土内で出生したことだけでなく，その両親のうち少なくとも1人も領土内で出生していることを求める「二重の出生地主義」(double jus soli) を採用するところも出てきました。子どもの領土内出生に加えて，両親が一定期間合法的に居住していることを条件にする国も現れました。したがって，血縁主義の国々が地位を開放的にしている一方，出生地主義のいくつかの国はどちらかというと市民権取得を制限的にしているようにも見えます。この点には注意しなくてはなりません。

第2に，外国人の帰化についてです。従来は国家がどの外国人の帰化申請を認めるかを決める裁量を持っていました。一定の法規則はありながらも，その具体的な運用は担当省庁や担当官僚の恣意に任されてきたのです。しかし近年，外国人の帰化を権利として認める傾向が強まったといわれています。権利であるということは，外国人が帰化を希望し申請すると，条件を満たしている場合は，国家はその申請を拒めないということです。すなわち，国家の自由裁量であった帰化は外国人申請者の権利に転換しつつあるというのです。ただし，帰化を最終的に許可する際，後述する言語・市民権テストや忠誠を示す宣誓の儀式などを要求するようになった国も増えており，帰化が一方的に開放的になったと言い切れないのも確かです。

第3に，第6章で見たように，1人の個人が1つの国家に属するという「国籍唯一の原則」が緩められ，長らく忌避されてきた重国籍を容認する国が多くなりました。帰化したいなら「自分の文化を

捨て，受け入れ社会の文化を完全に身につけるべきだ」という同化要件は，「受け入れ社会で着実に生活できればよい」という統合要件へと緩められ，重国籍が世界的に広まっています。これらの理由には，平等と人権への配慮，市民権のリベラル化は避けられないというあきらめ，重国籍の利益が費用を上回っているという認識などが挙げられています。ただし注意すべきことには，この重国籍容認の動きは，海外に居住する元国民やその子孫に国籍を付与する「**再民族化**」（re-ethnicization）とセットで現れることがあります。再民族化は血縁を持つ者に優先して国籍を与えるという点で，リベラル化とは異なる動きなのです。

　最後に，ヨプケがさほど重視していない点に触れておきましょう。国境を越える人の移動が盛んになってくると，市民権の地位はナショナル市民権が意味する国籍だけではなくなりました。1970年代以降の国際移民の定住化によって現れたのは，国民と外国人の間に位置する中間的な地位です。この中間的な地位は，長期間受け入れ諸国内に居住することで得られた場合，**デニズンシップ**（denizenship）と呼ばれています。また，国際人権規範に基づいて「人である」がゆえに与えられる，つまり国民であるかどうかにかかわらず持つとされる地位は**ポストナショナル・メンバーシップ**（postnational membership）と名付けられています。いずれも移民・外国人をめぐる**市民権的地位の開放化**を含意していますので，この点でも市民権の地位のリベラル化が進行しているといえます。

　国籍が表す「完全な市民権」（full citizenship）だけでなく，居住国の国籍を持たない外国人が付与の対象となる「**部分的市民権**」（partial citizenship）をも考慮して「市民権のリベラル化」および「人々」の国境を考えるためには，**第4章**でも紹介したハマー＝小

井土＝樽本モデル（**HKT モデル，図4.3**）が役立ちます。HKT モデルの5つの境界のうち，移民は国籍取得で境界4を越えます。しかし往々にして移民の背景を持つ市民は差別や法的社会的な障壁などを被る「二流」市民にとどまります。さらにそれらの差別や障壁が解決され境界5を越えると「一流」市民となるのです。一方，境界3は永住権を取得し長期滞在が可能になることで越えられるのでした。市民権の地位のリベラル化は，HKT モデルの境界4のみで起こっているわけではありません。他の境界，とくに永住外国人と一時的滞在外国人を区切る境界3にも着目しながら論じるべき事柄なのです。

▷ 権　利

次に，市民権の権利の側面における「人々」の国境の開放化とはどのようなことを指すのでしょうか。市民権のリベラル化仮説は，市民権が次の3点で「リベラル化＝開放化」の傾向をみせているといいます。第1に，社会がどんどんエスニシティ的，民族的に多様化することで信頼が薄れて人々が助け合おうとする連帯が弱まり，各国が福祉国家体制の下で社会的権利を保障できなくなってきているというのです。たしかに，外国人居住者が生活保護など社会的給付を受け取ることを，実情を踏まえることなく根拠なく批判する動きは，一部のメディアや SNS などに散見されます。すると，移民・外国人が増えればお互い助け合おうという気持ちは薄れ，福祉的給付も減っていくような気もします。しかし，数多くの実証的研究が実施され，その大多数は社会でエスニックな多様性が増大しても，人々の連帯・信頼は弱くなっていないし，福祉的給付も減少していないという結論に達しています（たとえば，Banting and

Kymlicka 2006)。この結論を解釈するのは少々難しいのですが，まず社会的権利の受給者の大多数は国民なので，エスニックな多様性が増大しようとも社会保障に対する連帯・信頼は揺るがないという可能性があります。また，社会的権利を一定の条件の下で移民・外国人にも享受可能にしているという点では，「人々」の国境は緩んで市民権はリベラル化しているといえそうです。

　第2に，社会的権利よりも，移民・外国人などを差別から保護するための反差別的権利が強調されるようになったといいます。たしかに反差別的権利の発展は，移民・外国人を保護し社会に包摂しようとする動きなので，リベラル化とはいえ，「人々」の国境を開放的にしているでしょう。ただし，反差別法は多くの場合，移民・外国人のエスニックな背景などその本人の持つ属性に基づく差別が存在したとき，その本人を保護するというかたちで発動されます。したがって，たとえばかつてのイギリスの人種関係法に見られたように，エスニック的・民族的背景に基づく差別からは保護されるものの，宗教的背景に基づく差別からは保護されないという事態が起きることもあります。また，たとえば共和主義的な政治原理を国是とするフランスのような国では，そもそもエスニック集団や宗教集団は存在しないと考えられてしまうため，やはりエスニック的・民族的差別や宗教的差別から個人がうまく保護されないという事態も起こりえます。すなわち，排除をともなう反リベラルな傾向も併せ持つことがある点は，注意しなくてなりません。

　第3に，先住民族などマイノリティが集団として存続することを支援する集団的権利が認められるようになったといいます。この事情を最もよく示しているのは，カナダの政治哲学者ウィル・キムリッカの**多文化市民権**（multicultural citizenship）でしょう（Kymlicka

1995＝1998)。キムリッカは，カナダのケベック州を念頭に置きつつ，当該の国民国家が成立するより前から居住している先住民族のような国内マイノリティには，自治権や議会での特別代表権などを与えるなど，特段の配慮をしなければならないとします。というのも，先住民族を含むすべての人々に民主主義のルールや法制度が普遍的に分け隔てなく適用されたとしても，その中身はマジョリティの文化や伝統の影響を受けたものだからです。たとえば，公用語はマジョリティの言葉であり，公休日はマジョリティの宗教歴に基づいており，国旗や国歌はマジョリティの伝統に根ざしたものだということがしばしば生じます。そして，先住民族である国内マイノリティは独自の言語や歴史を共有する世代間共同体であり，「社会的構成文化」という「自前の文化」を持っているからだといいます。実際カナダやオーストラリアなどでは，先住民族が集団として存続するために，その文化や言語などを維持するための方策が権利として認められているようになってきました。一方，キムリッカは当該国民国家成立以後に移動してきた国際移民には「多エスニック権利」を与えるべきだとするものの，先住民族よりは弱い権利を与えれば十分であると主張しています。この点が妥当か否かは，継続的に検討しなくてはならない論点でしょう。

▷ アイデンティティ

　最後に，アイデンティティの側面では，どのようなことが「人々の国境」の開放化を示しているのでしょうか。まず起こっているとされることは，国境を越える移動が盛んになった結果，市民権のなかの「地位」「権利」と「アイデンティティ」が分離しているという事実です。すなわち，「自分はこの国にアイデンティティを感じる」

とさほど思ってない人も地位や権利を持つようになってきているということです。アイデンティティを必ずしも持っていない人に市民権を与えるというのは、たしかに「人々」の国境を開放的にしているといえるでしょう。また、他国から移動してきた人々が増える以上、アイデンティティの希薄化は仕方のないことかもしれません。

　問題はその先です。そのようなアイデンティティの希薄化に対して、近年西欧諸国では、外国人が自国に帰化する際に自国語の授業やテスト、自国の歴史や制度を学ぶための市民権授業や市民権テスト、そして自国や民主主義への忠誠を示す宣誓などを導入する傾向にあります。ところがこのような工夫をしても、西欧諸国は帰化希望者に社会統合の核になるものをうまく提供できていないとヨプケは主張しています。いったいなぜでしょうか。

　西欧諸国はいわゆるリベラル国家です。リベラル国家は、信条の自由など個人の私的領域を最大限に尊重し、それに干渉しないことを国是とします。人々に「民主主義」「個人の権利」など抽象的で普遍的な価値は示すことができても、人々の心のなかの信条を確かめるとか、具体的に国歌を歌わせるとか国旗を掲げさせるといったかたちでその国の価値を押しつけることはできないのです。その結果、人々を「他の国家ではないほかならぬこの国家」に引きつけることが難しくなるのです。抽象的で普遍的な価値では、他国との区別をつくり出せないからです。すなわち、「私的領域不干渉の原則」ゆえに、リベラル国家は市民権のアイデンティティ的側面を強化しようとしても、普遍主義的で手続き的なものしか実行できない。このような事態をヨプケは、**リベラル国家のパラドクス**と呼んでいます。

　市民権のアイデンティティ的側面に関するこの指摘は、市民権のリベラル化仮説のなかでも最も興味深いものです。たしかに、国家

が押しつけようとしているアイデンティティは、具体的な価値に基づいた、ナショナルで画一的な同化主義的なものではなくなっているでしょう。たとえば、帰化の際に市民権テストを導入したとして、リベラル国家は帰化希望者に自国に関する知識を問うことはできても、その国家で主に奉じている宗教を信じているかどうかなど、その人々の心情に踏み込んで問うことは難しくなっているわけです。

　少なくとも先進諸国は同化主義的な政策が現在、ほぼ完全に否定されています。保守的な政治家や極政党・団体などの求めに応じて特定のアイデンティティを移民・外国人に押しつけることはできず、さらには推奨することさえかなり難しいことでしょう。

　また、アイデンティティは国家から供給されるだけではなく、国家に対置される社会の側からも規定されるものです。すなわち、移民・外国人のアイデンティティは、受け入れ社会で日常生活を送るところから、つまり「下から」醸成される面も持っています。移民のアイデンティティは、世代を経ると受け入れ社会のマジョリティに近づいていくともいわれています。加えてそのような過程で、受け入れ社会のナショナル・アイデンティティ、すなわち「自分の国はこういう国だ」という人々の集合的な意識自体も変化していきます。この「下から」の過程も、「人々」の国境を開放的にしていくことでしょう。

3　閉鎖的な領土と開放的な人々

▷　ナショナル・アイデンティティという共通性

　市民権のリベラル化仮説は、いくつかの留保を付けなくてはなら

ないとはいえ，国民と外国人の間に引かれてきた「人々」の国境が近年，見直されており，以前よりも開放化してきたことを示しています。国民国家が存立するためのもう1つの要素である「領土」がいまだ閉鎖的であることに比べて，もう1つの要素である「人々」の境界はなぜ開放的になってきているのでしょうか。「領土」と「人々」の共通点と相違点に着目しつつ考察を加えてみましょう。

　まず共通点を考えてみましょう。国民国家システムが世界を覆っている現在，基本的にはナショナル・アイデンティティが「人々」の国境を決めています。すなわち，自分を国民だと意識している人々が，国民国家のメンバーであるべきだというわけです。しかし，国境を定めるアイデンティティの力が弱まっているのではないかというのが，先に見た市民権のリベラル化仮説の中心的な主張でした。

　実は，ナショナル・アイデンティティは「人々」の国境を決めるだけでなく，「領土」の国境の主な決定要因ともなっています。たとえば，第二次世界大戦でナチス・ドイツが敗北し，ドイツはオーデル・ナイセ線以東に広がった自国領，いわゆる東方領土をポーランドとソ連に占拠されました。その後，ドイツは長らく東方領土を自国領だと主張し続けました。主張し続けた主な理由は，東方領土から大量のドイツ人「追放者」が出てしまったからです。この追放者の苦い記憶のためにドイツは，第二次世界大戦前である1937年時の領土こそドイツ領だと主張し，東方領土に固執し続けてきたのです。このときにドイツは「帝国アイデンティティ」と呼べるナショナル・アイデンティティを持っていたと考えられます。

　ところが，1990年に東西ドイツの統一が実現すると，ドイツは東方領土のポーランド統治部分を同国の領土と認めるようになりま

した。領土に固執するよりも，ナチスの暴挙を反省しヨーロッパに平和をもたらすことこそドイツのめざすべきことだという考えが優位になったからです。いわば，ドイツのナショナル・アイデンティティは「ホロコースト・アイデンティティ」へと変化したのです。佐藤成基 (2008) はこの，「帝国アイデンティティ」から「ホロコースト・アイデンティティ」への変化が，ドイツに東方領土の放棄を決断させたのだと指摘しています。このように，ナショナル・アイデンティティは「領土」の国境画定に大きな影響を与えるのです。

　そのメカニズムについてはさらなる探究を要するものの，「人々」にしても「領土」にしても，それらの国境の決定にはナショナル・アイデンティティが深く関わっているということは注目すべき観点でしょう。

▷ 領土の客体性

　しかし，「領土」と「人々」は以下の点で決定的に異なるものです。領土というのは，まずは物質的な財です。自然災害のような事例はあれ，領土がある場所から移動することは基本的になく，ましてや自らの意思で動く主体性はありません。したがって国家は領土を，意思を持たない完全なる客体として扱うことになります。その結果，ある領土がどこに属するかは「国家の意思　対　国家の意思」に基づいたゼロサムゲーム的，陣取り合戦のようになるわけです。

　他方，人々ももちろん身体という物質性を帯びていますけれども，国境を越えた移動をするかどうかを決めるなど，主体的な存在でもあります。究極的には，国民として国家を運営するという主体性まであります。したがって，国家はむげに人々の意思を無視することができません。もちろんかつては国民を絶対視するナショナル・ア

イデンティティに基づき，移民・外国人の意思が軽視されてきた歴史がありました。現在においても，出入国管理の場面などで移民・外国人が差別的な対応をされることが，しばしば報じられます。ところが，国際移民が世界中に移動するにともなって，「人々」の国境の画定は必ずしもゼロサムゲームを構成しなくなってきています。領土の陣取り合戦のように複数の国家が「人々」を奪い合うようなことは，できなくなってきたのです。

　市民権の地位の側面に即していえば，たとえばある個人が国家Aに属しつつも国家Bにも属する重国籍を，否定しがたくなっています。否定しがたくなった要因としては，**第6章**で論じたように，一国家の経済的利益の追求や二国家間の相互的な承認もありますし，国際条約や国際人権規範のような超国家的な要因などがあります。一方，重国籍を持とうとする個人の自由を尊重せざるをえなくなってきたことは大きな前提です。その結果，人々のナショナル・アイデンティティの希薄化に苦慮しつつも，国家は2つ以上の国籍を持つといった「人々」の国境の開放化に抵抗しがたいのです。

　ただしこのことは，「人々」の国境が今後も常に開放化していくという予想を示すものではありません。また，どの国でも開放化するわけでもありません。というのは，ナショナル・アイデンティティの動揺によって，国境を「閉鎖」する可能性があるからです。市民権に関して移民・外国人を比較的差別せず，リベラルな法規則を持つ国の1つの特徴は，「領土」の国境が確定し，議会や裁判所が機能し，自由民主主義的な価値を持っているなど，国民国家として十分に安定していることです。とくに，ナショナル・アイデンティティがまずは確定しています。そこでまとまった数の移民・外国人の流入と定住を経験しても，国民国家としての安定性をとりあえず

保つことができました。しかし，移民・外国人の流入がさらに続くとナショナル・アイデンティティが動揺し，再び「人々」の国境を「国民と外国人」の二分法で再定義しようという動きが出てきます。極右勢力やポピュリスト政党の多くが，まさにこの再定義を主張しているのです。また，国家は先に説明した市民権テストなど，帰化手続きをさらに厳格にしようすることでしょう。しかしいずれにしても，客体的な「領土」と主体的な「人々」の間の属性的な違いは，国境の開放性・閉鎖性に決定的な影響を与えているのです。

4 領土問題の今後

▷ 「固有の領土」を緩める

　実は，解決に至った領土問題の事例もあります。たとえば，先ほどドイツとポーランドの国境の事例を紹介しました。ほかにも，中国とロシアの国境は二国間交渉で解決しましたし，ナイジェリアとカメルーンの国境は国際司法裁判所が裁定を行いました。しかし，これらは非常に希有な事例であり，冒頭でも述べたように，領土問題は先鋭化する傾向にあります。

　本章で論じた国境に関する「領土」と「人々」の違いを踏まえると，今後，領土問題はどのようになっていくのでしょうか。もし「固有の人々」という国民国家の存立条件が緩んでいるとすれば，「固有の領土」という存立条件についても将来，緩和される可能性はないのでしょうか。

　「人々」の国境について，国境を越える人の移動の活発化を契機に「1つの国だけへの帰属」が劇的に緩められたように，領土につ

いても，1つの国だけに帰属するという原則を緩める方法を探るべきでしょう。ただし，共同所有権のように互いに所有し合うといった解決を図るのは，21世紀になったいまでもかなり難しいことなので，たとえば，「この領土はどの国家のものか」が気にならなくなればよいでしょう。漁業や資源などに関する共同使用権を設定するなどのやり方はありえるでしょう。ある島とその周辺海域の資源を隣国と共同開発して利益を分け合うといった共同利用の取り決めは，その島がどの国家に帰属するかを重要でないことにするかもしれません。

▷ 「国民国家」を問い直す？

　一方で，このような考えは夢物語だと失笑を買うかもしれません。現在，領土問題は資源をめぐって展開しているだけではなく，「この領土は自分たちのものだ！」といったプライドや安全保障の観点が前面に出ており，出口が見えないからです。本章の用語を用いれば，ナショナル・アイデンティティをめぐる政治の様相を濃くしているというわけです。国民国家という政治システムは，誕生してから400年ほどであり，日本に至っては150年ほどしか経っていません。50年ほど前には「人々」の国境がこれほど緩むとは，ほとんど誰も予想していませんでした。この点で，「国民国家」は徐々に当たり前の統治制度ではなくなってきています。とすれば，「領土」に自らのナショナル・アイデンティティの根拠を求めることを止め，「領土」の国境画定問題を乗り越える知恵が今世紀中に現れるのではないか。そんな期待を私たちは抱きつつ，よりよい未来をつくり出せるよう努力していきましょう。

ポピュラーカルチャー のグローバル化

Quiz クイズ

Q 9.1 19世紀にフランスなどで活躍した印象派やポスト印象派の画家のなかには，日本文化に影響を受けつつ，作品を創作した者が少なからずいました。とくに次のうち，どの日本文化に影響を受けたでしょう。
a. 縄文土器 **b.** 歌舞伎 **c.** 浄瑠璃 **d.** 浮世絵

Q 9.2 次のうち，通常，ポピュラーカルチャー（大衆文化）とは呼ばれない文化はどれでしょう。
a. マンガ **b.** オペラ **c.** J-POP **d.** ハリウッド映画

Q 9.3 「ある国家や民族が，軍事的な侵攻などにより国境外の領域や人々を支配下に置こうとする政策や思想」のことを何というでしょう。
a. 平和主義 **b.** マルクス主義 **c.** 新保守主義 **d.** 帝国主義

Q 9.4 1950年代に日本で発表され，海外でも好評を博した日本文化は次のうちどれでしょう。
a. マンガ『スーパーマン』 **b.** 映画『ゴジラ』 **c.** キャラクター「ハローキティ」 **d.** 映画『風の谷のナウシカ』

Answer クイズの答え

A9.1　d. 浮世絵

1867 年フランス・パリで開催された万国博覧会に日本の美術品が出品され，「ジャポニズム」と呼ばれるブームが起こりました。とくに歌川広重や葛飾北斎などの浮世絵に，クロード・モネ，ポール・セザンヌ，フィンセント・ファン・ゴッホ，ポール・ゴーギャンなど印象派およびポスト印象派の画家の作風が大きな影響を受けました。

A9.2　b. オペラ

ポピュラーカルチャーとは，メディアを通して一般大衆が予備的な知識や技能を必要とせず楽しむことができる文化のことです。一方，楽しむために知識や技能が必要だとされる文化を「ハイカルチャー」（高級文化）と呼びます。しかし，一部の映画や小説に典型的に見られるように，ポピュラーカルチャーとハイカルチャーの境界は，社会や歴史によって変化する曖昧なものであることには注意が必要です。

A9.3　d. 帝国主義

19〜20 世紀の第二次世界大戦までの時期を中心に，帝国主義は国家や民族が他の国家や民族を征服し，植民地にする根拠となってきました。**a.** 平和主義は通常，すべての戦争や暴力に反対し，恒久的な平和を最も重要なこととして追求する思想や政策を指します。**b.** マルクス主義は，カール・マルクスの思想や考え方に基づいて，哲学や社会科学などの学術的研究や，革命や社会改良などの社会的実践を行う立場やその行為のことです。**c.** 新保守主義は，1970 年代以降アメリカなどで顕著になった政治イデオロギーで，自由主義や民主主義を重視しつつ，自国の国益のためには他国への武力介入も辞さないとする考え方や実践のことです。

A9.4　b. 映画『ゴジラ』

a. マンガ『スーパーマン』は 1930 年代にアメリカで刊行され，70 年代以降に同国で映画化されました。**c.** キャラクター「ハローキティ」は 74 年に発表され，海外でも大人気になりました。**d.** 宮崎駿の『風の谷のナウシカ』は元々マンガで，84 年に映画化されました。

Chapter structure 本章の構成

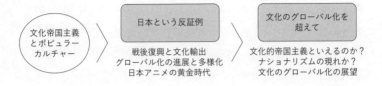

文化帝国主義
とポピュラー
カルチャー

日本という反証例

戦後復興と文化輸出
グローバル化の進展と多様化
日本アニメの黄金時代

文化のグローバル化を
超えて

文化的帝国主義といえるのか？
ナショナリズムの現れか？
文化のグローバル化の展望

▷ **国際社会学とポピュラーカルチャー**

　本書の冒頭で書いたように，国境を越えるモノは商品や資本や人だけではありません。文化や情報も国境を越えて移動していきます。国際社会学の観点から**文化のグローバル化**が問題になるのは主に次の2つでしょう。

　第1に，グローバル化した文化を使いこなし享受できる人々とそれができない人々への**階層分化**です。グローバル化した文化は，他国から国境を越えてやってくるため，英語など外国語を最小限でも知らないと理解しにくいものです。また，コンピュータやインターネット機器などを入手しIT技術を使いこなせないとグローバル文化にはアクセスしにくいという難しさがあります。そのため，外国語やIT技術のための知識や資金を持つ階層がニューリッチ（new rich）とか，インフォミドル（info-middle class）と呼ばれるある種の特権層として現れてくるといいます。そしてその特権層は，国境を越える新たな文化，すなわちインターナショナル・ミドル・カルチャー（international middle culture）をつくり出すと論じられます。

　第2の国際社会学的な関心は，**グローバル・ポピュラーカルチャー**（global popular culture）に向かいます。一般に，クラシック音楽，歌舞伎や能といった伝統的で予備知識が必要な「高級な文化」だと

目されているものは「ハイカルチャー」と呼ばれます。一方，ロックやマンガなど，主にメディアを通して近年広まり，比較的予備知識なく楽しめ大衆に好まれる文化は，ポピュラーカルチャー（または大衆文化，ポップカルチャー）と呼ばれています。国際社会学がとくに注目しているのは，ある国またはある国々のポピュラーカルチャーが国境を越えて世界中に広がっていくという事態です。すなわち，ポピュラーカルチャーのグローバル化です。

　本章では，この2番目の関心に焦点を当て，文化のなかでもみなさんの間で人気のあるポピュラーカルチャーに着目して，国際社会学の一側面を紹介しましょう。

1　文化帝国主義とポピュラーカルチャー

▷　文化帝国主義という問題

　ポピュラーカルチャーと聞くと，何を思い出すでしょうか。J-POP や洋楽ロックなどの音楽，テレビのドラマ，ハリウッドなどの映画，マンガやアニメ，テレビゲームが「大衆の好む文化」に入るでしょう。このようなポピュラーカルチャーがグローバル化することが，どのような国際社会学的な問題に結びつくのでしょうか。それは意外にも，列強といわれる先進諸国の一部が第三世界を植民地化してしまった「帝国主義」と関連づけられています。すなわちポピュラーカルチャーのグローバル化に対して，「国境を越えて文化が攻めてくる」というイメージが与えられているのです。これを「**文化帝国主義**」（cultural imperialism）と呼びます。

　なぜ文化帝国主義などという仰々しい名前で呼ばれているのでし

ょうか。その一因は，世界でポピュラーカルチャーがどこから供給されているかに求められます。ポピュラーカルチャーの主な供給元はなんといってもアメリカです。第二次世界大戦後には，その供給力は揺るぎないものとなり，グローバル化の流れのなかでアメリカ産ポピュラーカルチャーは世界中を席巻するようになりました。具体的にいうと，ロサンゼルスのハリウッド（Hollywood）で生産されヒットを飛ばしている数々の娯楽映画，ウォルト・ディズニー（Walt Disney）がつくり出したキャラクターやアニメ，世界のちょっと大きめの都市ならどこにでも見つけられる赤色と黄色の店構えのハンバーガーチェーン店マクドナルド（McDonald's）など，アメリカ文化がどんどん世界へ広まっていきました。その結果，アメリカ文化によって自国の文化が浸食され衰退していくのではないかと心配したり不安を持ったりする人々が出てきたのです。

　社会学者イマニュエル・ウォーラーステインの概念を使うと，この文化帝国主義を次のように定式化できるでしょう。**世界システム**の「**中心**」（core）であるアメリカから同システムの「**周辺**」（periphery）である各国へと流れていくアメリカのポピュラーカルチャーによって，世界は**文化的に画一化**（cultural uniformity）してしまう，と。

　文化帝国主義という危惧は，いくつかの社会で共有されています。たとえばフランスは，自国の重要産業である映画をハリウッド映画から守ろうとしてきました。一時期，イギリスでもスターバックスコーヒーの出店に反対を唱える人々がいました。たしかに，大量のアメリカ文化が国境を越えてやってくることを帝国主義的な「襲来」だと心配する気持ちはわかります。しかし，国際社会学の学術的見地から見て，文化帝国主義が生じているといってよいのでしょ

うか。ここでは，考えるためのポイントを2点に絞って示しておきましょう。

第1に，文化の受け手は受動的なのでしょうか？ 文化の受け手は嫌々ながら文化を受容しているのでしょうか？ 文化帝国主義の考え方に従えば，ポピュラーカルチャーの受け手は国境を越えて「侵攻」してきたその文化を取捨選択することなく，ほとんどそのまま受け入れざるをえません。この点が「帝国主義的」と呼ばれるゆえんです。はたして，文化の受け手は国境を越えてやってくる文化に対して，主体性を持っていないのでしょうか。

第2に，前で触れたように，アメリカだけがグローバル化する文化の生産者および供給者なのでしょうか？ 文化帝国主義では，とかくアメリカが敵視される傾向にありますが，アメリカ文化以外にグローバル化している文化はないのでしょうか。

以上の2点を考慮しながら，文化帝国主義について考えていきましょう。

▷ 注目するポピュラーカルチャー

先に，ポピュラーカルチャーにどのようなものがあるかを簡潔に書いておきました。紙幅が限られていますから，本章では，主に次の3つに着目して文化帝国主義を考察していきましょう。

第1に，マンガです。"Manga" という言葉はすでに英語やその他の言語の一部となって流通していますが，英語のほかの言葉でいうと "comic" や "cartoon" と呼ばれるものです。基本的には，絵と文字が載った印刷メディアの形態をとるものです。

第2に，アニメです。マンガに似ていますけれども，あえていうとマンガが動く映像になり，音が付けられたものといえるでしょ

う。動く絵と音が物語をつくり出していくものです。"Anime" も
"Manga" と同じように各国で通用する言葉となっています。

　第3に映画です。とはいえ，ここでは映画一般ではなく，描か
れた絵が動くアニメ映画と，ヒーローや怪獣をモチーフとした活劇
的な映画や特撮的な映画に着目しましょう。どちらも主に子どもを
対象としているにもかかわらず，大人をも魅了する映画だといえる
でしょう。

　以上，3種類のポピュラーカルチャーを中心として，必要に応じ
て音楽，テレビ番組，キャラクターグッズにも言及し，ポピュラー
カルチャーによる文化帝国主義論を検討していきましょう。

2　日本という反証例

　文化帝国主義の主な意味内容は，アメリカが自らの文化を国境の
向こうへと次々と送り出しており，受け入れ社会の人々はその意思
にかかわらず受け入れざるをえず，その結果，受け入れ社会の文化
が損なわれているというものでした。しかし，先ほど考慮すべき点
の2つめとして触れたように，アメリカ以外の国も，自国の文化
を輸出していないのでしょうか。その際，その文化は受け入れ社会
の文化を損ねているといえるのでしょうか。

　そこで，アメリカではない国の文化が国境を越えてグローバル化
していないかどうか検討してみましょう。その国とは，私たちがよ
く知っているこの国，日本です。日本の経験は，文化帝国主義を立
証するのでしょうか。それとも反証するのでしょうか。

▷ 戦後復興と文化輸出──1950年代から60年代

国境を越えた日本のポピュラーカルチャーを語るために，時代を
どこまでさかのぼればよいでしょうか。たとえば江戸時代の浮世絵
は，広範囲の大衆に好まれたという意味で，立派なポピュラーカル
チャーです。またよくいわれるように，現代日本のマンガの源流で
もあります。単に日本国内だけで広まっただけでなく，**第2章**でも
取り上げたクロード・モネをはじめ，印象派やポスト印象派の画家
の多くが収集し，自らの画風の研鑽に利用したこともよく知られて
います。つまり，江戸時代から日本のポピュラーカルチャーはグロ
ーバル化していたのです。

しかし，現代のグローバル化，とくに1980年代以降に活発とな
ったという意味でのグローバル化を考察するためには，第二次世界
大戦後から見ていくとよいでしょう。それでは，グローバル化した
日本のポピュラーカルチャーの出発点をどこに求めればよいのでし
ょうか。

1950年代にタイムトリップしてみましょう。戦後の混乱のなか，
荒廃した国土，社会，経済を立て直すべく政府や諸団体，諸企業，
さまざまな人々が努力していました。そして，高度経済成長が芽吹
いていきます。

サンフランシスコ平和条約が調印され，日本の独立回復の道筋が
立った1951年，黒澤明監督の『羅生門』がヴェネツィア国際映画
祭で金獅子賞（最高賞）を受賞しました。その後，60年代までに時
代劇映画を中心として日本の映画が次々と国際映画祭での受賞を果
たしています。たとえば『西鶴一代女』（溝口健二，52年，ヴェネツ
ィア国際映画祭，国際賞），『地獄門』（衣笠貞之助，54年，カンヌ国際映
画祭，グランプリ），『無法松の一生』（稲垣浩，58年，ヴェネツィア国

表 9.1 三大国際映画祭における日本作品の主な受賞 ───────────

受賞年	映画祭	賞	作品	監督
1951	ヴェネツィア	金獅子賞	羅生門	黒澤明
1952	ヴェネツィア	国際賞	西鶴一代女	溝口健二
1953	ヴェネツィア	銀獅子賞	雨月物語	溝口健二
1954	カンヌ	グランプリ（最高賞）	地獄門	衣笠貞之助
	ヴェネツィア	銀獅子賞	山椒大夫	溝口健二
	ヴェネツィア	銀獅子賞	七人の侍	黒澤明
1958	ヴェネツィア	金獅子賞	無法松の一生	稲垣浩
	ベルリン	銀熊賞（最優秀監督賞）	純愛物語	今井正
1959	ベルリン	銀熊賞（最優秀監督賞）	隠し砦の三悪人	黒澤明
1963	ベルリン	金熊賞	武士道残酷物語	今井正
1980	カンヌ	パルムドール	影武者	黒澤明
1983	カンヌ	パルムドール	楢山節考	今村昌平
1987	ベルリン	銀熊賞（審査員特別賞）	海と毒薬	熊井啓
1989	ヴェネツィア	銀獅子賞	千利休	熊井啓
1990	カンヌ	グランプリ（第2席）	死の棘	小栗康平
1997	カンヌ	パルムドール	うなぎ	今村昌平
	ヴェネツィア	金獅子賞	HANA-BI	北野武
2000	ベルリン	銀熊賞（芸術貢献賞）	独立少年合唱団	緒方明
2001	ベルリン	銀熊賞（芸術貢献賞）	絵の中のぼくの村	東陽一
2002	ベルリン	金熊賞	千と千尋の神隠し	宮崎駿
2003	ヴェネツィア	銀獅子賞	座頭市	北野武
2007	カンヌ	グランプリ（第2席）	殯の森	河瀬直美
2018	カンヌ	パルムドール	万引き家族	是枝裕和
2020	ヴェネツィア	銀獅子賞	スパイの妻	黒澤清
2021	ベルリン	銀熊賞（監督賞）	偶然と想像	濱口竜介
2023	ヴェネツィア	銀獅子賞（審査員大賞）	悪は存在しない	濱口竜介

（注）金獅子賞，金熊賞，パルムドールはそれぞれ最高賞。ただし1954年までと65年から74年までカンヌの最高賞は「グランプリ」。
（出所）まめもやし（2022）; NHK NEWS WEB（2023）; Sharp（2011）; WEBクリエイト（n.d.）をもとに作成。

───────────────────────────────

際映画祭，金獅子賞），『武士道残酷物語』（今井正，63年ベルリン国際映画祭，金熊賞）といった作品です（**表9.1**）。

図 9.1 映画『ゴジラ』のポスター ——

このように，日本映画は国境を越えて渡り，海外の映画評論家などから高く評価されました。さらに日本のポピュラーカルチャーのグローバル化を決定づけたのは，ヒーローや怪獣をモチーフとした映画が国境を越えて海外の大衆まで行き届いたことです。その先駆者となったのは，映画『ゴジラ』です（**図 9.1**）。

日本で知らぬ者がいないであろう『ゴジラ』は，少なくとも当時はかなり政治的なモチーフを持っていました。アメリカがビキニ環礁で水爆実験を行い，その影響でゴジラが突然変異で生まれ，日本に上陸したという設定だったのです。当時はアメリカがビキニ環礁で核実験を繰り返しており，1946 年から 58 年の間で 20 回以上に及んでいました。54 年 3 月には日本の漁船「第五福竜丸」が核実験に巻き込まれ，被爆しています。『ゴジラ』の物語にはその一連の核実験に対する批判が込められていたのです。さらに，アメリカ軍の空襲や原子爆弾の投下などで多くの犠牲者が出た第二次世界大戦時の悲惨な記憶を，物語の背景に感じ取ることも可能でしょう。

『ゴジラ』は 1954 年に初めて公開され，ゴジラシリーズ作品は 2004 年までに 28 本が撮影されました。16 年には 29 作目の『シン・ゴジラ』が公開されています。いずれも初公開時から子どもたち，そして多くの大人たちの心をしっかり捉えたことは言うまでも

ありません。この後，怪獣映画の制作が続きました。たとえばゴジラシリーズを制作した東宝は，類似の怪獣映画として蛾をモチーフに『モスラ』のシリーズ作品を撮影しました。また，東宝のライバル的な映画会社である東映は，亀をモチーフとした『大怪獣ガメラ』のシリーズ作品をつくり公開したのです。

ここで驚くべきことに，『ゴジラ』は日本で公開されたそのたった2年後の1956年，アメリカで "Godzilla, King of the Monsters!" として公開され，大成功を収めたのです。東西冷戦下で核戦争が起こるかもしれないという社会的緊張のなかで，アメリカ映画界に「モンスター映画」の需要があり，『ゴジラ』の輸入はコストの安い映画供給方法でした。また特撮技術を駆使した壮大な映像が，追加撮影と再編集によってアメリカ人の核兵器に対する不安と希望にうまく適合しました。戦後日本国内のポピュラーカルチャーの先駆者である『ゴジラ』は，同じくポピュラーカルチャーのグローバル化の先駆者でもあったのです。

『ゴジラ』の後しばらくして，ポピュラーカルチャーのグローバル化の第2弾が現れます。これまた日本では知らぬ者はいないであろう『鉄腕アトム』です（**図9.2左**）。マンガの神様といわれた手塚治虫が生み出した『鉄腕アトム』は，はじめは印刷メディアのマンガでした。1952年の登場後，原子力で動き人間のような心を持つ，子どもの姿をした等身大のロボットは，少年少女だけでなく大人の心も魅了しました。そして63年アニメ番組としてテレビに登場すると，誰もが知るキャラクターとなったのです。『ゴジラ』は原子力の破壊的な性質を描いたのですが，『鉄腕アトム』は一転して平和利用が可能なものだと強調することになりました。

再び驚くべきことに，『鉄腕アトム』は日本でのテレビ放送開始

図 9.2 『鉄腕アトム』漫画全集第 8 巻の表紙（左）と英語版 DVD のジャケット（右）

と同じ年，1963 年にアメリカで "Astro Boy" という名でテレビ番組としてすぐさま放映されたのです（**図 9.2 右**）。『ゴジラ』と同様，戦後日本のポピュラーカルチャーがその揺籃期からグローバル化していたことを物語っています。

　『鉄腕アトム』に続いて，日本のテレビアニメは次々と海を渡っていきました。1960 年代の主なものを挙げますと，アンドロイドが敵と闘う『エイトマン』（マンガ版は『8 マン』）は，アメリカでは "The Eighth Man" として放映されました。少年が箱形のリモコンで巨大なロボットを操作し犯罪者や悪者と闘う『鉄人 28 号』は，"Gigantor" となってアメリカのお茶の間をにぎわしました。さらには，空中に飛び上がったり水の上を走ったりするスポーツカーで冒険的にレースを競う『マッハ GoGoGo』は，アメリカで "Speed Racer" となり，人気を博したのです。

▷ グローバル化の進展と多様化──1970年代

　1973年に生じた石油危機によって，世界経済は急速に冷え込み，各国は政治的，経済的および社会的な構造変動をよぎなくされました。日本経済への影響は，他国と比べれば小さかったとはいうものの，それまで展開していた高度経済成長は低成長へと転換しました。しかしそのような景気減速のなかでさえ，日本のポピュラーカルチャーのグローバル化は多方面にわたって着実に進行していったのです。

　少々時代をさかのぼった1963年には，坂本九の歌った歌謡曲『上を向いて歩こう』が "Sukiyaki" と名を変えてアメリカ・ビルボードのチャートのトップに輝きました。怪獣映画やアニメ以外にも，日本のポピュラーカルチャーが注目されていたわけです。また，料理も文化の1つと考えてみると，この時期に寿司が各国に渡り始めていました。典型例は，60年代半ばにアメリカのカリフォルニア州ロサンゼルスで発明され，70年代にアメリカ全体に広まったといわれるカリフォルニア・ロール（California roll）でしょう。アボガドで海苔巻きを作るというアイデアは，当時あまりにも斬新で，日本文化を変えてしまったという面を持ちながらも，同時に日本の文化的存在感を大きく高めたのです。

　ポピュラーカルチャーの1つとして，日本発のキャラクターグッズも世界で人気を博しました。「ハローキティ」が株式会社サンリオから登場したのは，1974年のことです。ネコをモチーフにした愛らしい姿は，徐々に姿を変えつつ国境を越え，他国でも定着していきました。テレビゲームも重要なポピュラーカルチャーの1つです。78年に日本で開発された「スペースインベーダー」（Space Invaders）は日本の喫茶店に置かれ人気を博しただけではな

く，世界へと進出していきました。それに続くゲームとして，80年にはパックマン（Pac-Man）も登場しています。

1970 年代のポピュラーカルチャーとして言及しておかなくてはならないもう 1 つのものが，79 年に登場したソニーの「ウォークマン」（WALKMAN）です。ウォークマンは，テクノロジーの発達によって生まれた小型のテープレコーダーであるという意味では工業製品に属するでしょう。ところが，ウォークマンのおかげで，人々は歩きながらまた電車のなかなど，街中で音楽を聴くことができるようになりました。すなわちウォークマンは，人々のライフスタイルを大きく変えたという意味で，世界中に大きな影響を与えた日本発の文化アイテムの 1 つなのです。

▷ 日本アニメの黄金時代──1980 年代から 90 年代

1980 年代は，グローバル化という観点からいえば日本アニメの黄金時代といえるでしょう。ちょうど日本経済全体も輸出産業を中心として非常に好調な時期であり，日本社会は自信に満ちあふれていました。エズラ・ヴォーゲル（Ezra Vogel）の著書『ジャパンアズナンバーワン──アメリカへの教訓』の「日本はもうアメリカを超えたのだ」というメッセージが，リアリティを持って企業人や官僚，政治家そして知識人などに受け止められた時期でした。

この時期にグローバル化したポピュラーカルチャーのなかで，最も特筆すべきは宮崎駿の一連のアニメ作品でしょう。『ルパン三世カリオストロの城』（1979 年）で一躍注目されて以来，『風の谷のナウシカ』（84 年），『天空の城ラピュタ』（86 年），『となりのトトロ』（88 年），『魔女の宅急便』（89 年），『紅の豚』（92 年），『平成狸合戦ぽんぽこ』（94 年），『耳をすませば』（95 年），『もののけ姫』（97 年）

と続く宮崎ワールドの広がりは，"Spirited Away" という英語名を持つ『千と千尋の神隠し』(2001年) が 2003 年にアカデミー賞長編アニメ賞を受賞し，頂点を極めた感があります（**図 9.3**）。世界中に宮崎アニメファンを数多く生み出しました。

宮崎アニメだけではありません。『宇宙戦艦ヤマト』は "Star Blazers" という名で，『セーラームーン』はそのまま "Sailor Moon" の名で，1990 年代に国境を越えて

いきました。後者の有名な「月に代わっておしおきよ！」という決め台詞は，英語では "In the name of the moon, I will punish you.",フランス語では "Je vais te punir au nom de la lune." となり，世界中の子どもたちの遊びの決め台詞にもなりました。90 年代半ばには『恐竜戦隊ジュウレンジャー』などのいわゆる戦隊ヒーローシリーズが，追加撮影と再編集を経て，"Mighty Morphin Power Rangers" という名前でアメリカのテレビ番組として放送されてもいます。

グローバル化していったのはアニメだけではありません。日本の視聴者にとって少々意外かもしれないのは，アニメ以外のテレビ番組も海外で多くの視聴者を獲得したことでしょう。ビートたけしの主演で城を陥落するためにさまざまなゲームを行うバラエティ番組『風雲！　たけし城』（イギリスでは "Takeshi's Castle", アメリカでは

"Most Extreme Elimination Challenge")や，料理人たちが勝者を競う料理バラエティ番組『料理の鉄人』（アメリカやオーストラリアなどでは "Iron Chef"）も海を渡り好評を博しました。日本のオリジナル版が輸出されただけでなく，番組のコンセプトや制作手法に基づき各国版も作られました。

　1980年代終わり頃，大学生が卒業旅行と称してリュックサックを背負い，ヨーロッパ諸国やアジア諸国などを数週間にわたり旅するということがはやりました。かくいう私も，東西冷戦が事実上終了した直後の90年3月，リュックサックを背負い西ヨーロッパ諸国を旅して回りました。パリのシャルル・ド・ゴール空港からフランスに入国し，凱旋門近くのホテルに到着してほっと一息ついてテレビをつけたところ，私を迎えてくれたのは高橋留美子のマンガ『めぞん一刻』のテレビアニメでした。私自身が日本のポピュラーカルチャーのグローバル化を実感した瞬間でしたけれども，アニメの題名は日本語の原題とはまったく異なり，"Juliette je t'aime"（ジュリエット愛してる）となっていました。

▷　**オリジナルなテーマとその多様性**

　日本のポピュラーカルチャーは，なぜ国境を越えて他国で受容され，人気が出たのでしょうか。内容的な観点に絞ると，1つの理由は他国では見られないオリジナルなテーマが複数重なりつつ展開されたためでしょう。日本の怪獣映画のアメリカにおける受容を研究したウィリアム・ツツイは，啓示的性質，怪獣的なるもの，かわいらしさ，メカといった4つのテーマでまとめています。怪獣映画以外の日本のポピュラーカルチャーにも，かなり当てはまりそうです。

まず第1に，**啓示的性質**（apocalypse）です。啓示というのは，未来のことや神秘的なことなど，人の力では完全には理解しがたいことを示すという意味です。たしかに『ゴジラ』『宇宙戦艦ヤマト』『機動戦士ガンダム』『新世紀エヴァンゲリオン』などに啓示的な作風が見られます。もちろん小説などの形態ではアメリカやヨーロッパ諸国にも未知なるものを「教え啓く」という性格が見られるものの，ポピュラーカルチャーに見られるという点は日本に独自なものだったのでしょう。

　第2に，**怪獣的なるもの**（monsterous）です。もちろん怪獣のようなこの世にはない想像上の生き物は，人類の誕生以来ずっと物語や絵画などで表現されてきました。しかし日本のポピュラーカルチャーを見てみると，前に触れたゴジラ，ガメラ，モスラ，そしてウルトラマンやそこに出てくる怪獣たちは，様態や行動などの点でそれ以前には表現されてこなかったものといえるでしょう。それらの多くは恐怖をかき立てるような特徴を持つ一方，ポケットモンスター（ポケモン，Pokémon）やたまごっち（Tamagotchi）のようにかわいらしい姿にもかかわらず，立派に怪獣だといえるものもあります。日本発の怪獣たちが他国にはないオリジナルな存在だった証拠でしょう。

　第3に，**かわいらしさ**（cute）という特徴があります。日本のポピュラーカルチャーを見渡すと，すぐ前で触れたポケモンやたまごっちのほかにも，かわいらしさを感じるキャラクターには枚挙にいとまがありません。ハローキティ，ドラえもん，とっとこハム太郎，アンパンマンなど日本のポピュラーカルチャーは，かわいらしさの宝庫です。日本のマンガを読んでいる各国の人々のなかには「チョーカワイイ！」という日本語を知っている人もいて，驚かされます。

最後に，**メカ**（mecha）に触れておきましょう。1950年代から60年代の『鉄腕アトム』や『鉄人28号』を見ればすぐわかるように，ロボットやそれに似たメカニックなものが日本のポピュラーカルチャーにはよく出てきます。70年代以降も『マジンガーZ』や『ゲッターロボ』そして『機動戦士ガンダム』など，たくさんのメカが世界中のファンを魅了していきました。

これら4つのテーマに分けてみると，日本のポピュラーカルチャーの作品群が世界でも他に例がないほどユニークで，かつ多様であり，世界中に多くのファンを獲得してきたことに納得できることでしょう。なかでも熱狂的なファンは「オタク」と呼ばれたり，ファンイベントなどではキャラクターの格好をまねするコスプレをしたりもします。ちなみに"Otaku"も万国共通語になった感がありますし，"Costume Play"もファンたちの典型的な行動として世界中で知られるようになっています。

3　文化のグローバル化を超えて

▷ 文化的帝国主義といえるのか？

これまで日本の事例を見てきて，私たちは多くの考える材料を得ました。では，はたして文化帝国主義という説は妥当なものなのでしょうか。

第1に，日本の事例が明らかに示しているように，アメリカが世界で唯一のポピュラーカルチャーの生産者ではありません。日本発の「ジャパニーズ・ポップ」もグローバルな想像力をかき立てる重要な中核を担っているのです。したがって，文化帝国主義論のア

メリカ敵視的な主張はあまりにも極端だということになるでしょう。

　第2に、**グローバル化過程**に着目すると、ポピュラーカルチャーのグローバル化は、たしかに文化が国境を越えていくことを意味するのですが、渡ってきた文化をそのまま受容するといった単純なものとは異なることが日本の事例からわかります。『ゴジラ』や『鉄腕アトム』といった先駆者ですでに見られたように、ポピュラーカルチャーを受容する際に行われてきたのは、他国の視聴者に届く前に行われる吹き替え録音（dubbing）、編集（editing）、検閲（censoring）などの一連の作業でした。

　吹き替え録音によって、登場人物たちは日本のオリジナルバージョンとは異なる台詞を話すことがあります。編集によって、受け入れ社会の道徳コードに抵触する部分は削除されます。もちろんその前には、その作品を上映できるかどうか事前に検討されます。手塚治虫の名作『リボンの騎士』は、アメリカでテレビ放送される前に、アメリカの配給会社が問題視しました。主人公が男性・女性両方の性質を併せ持つという描き方がアメリカの道徳倫理と合わないのではないかと心配されたのです。これら一連の作業を厳しく行うと、「検閲」ということになるでしょう。

　他国のポピュラーカルチャーをそのまま受容するのではないことを示すもう1つの例は、ステレオタイプ化です。ポピュラーカルチャーは、受け入れ国の人々に生産国・送出国の「紋切り型」のイメージを植えつけてしまいかねないのです。たとえば、『風雲！たけし城』のようなテレビのバラエティ番組、いわゆる"game show"は極端に描かれているがゆえに、「日本には、張りぼての城まで競争する遊びがあって、うまくいかないと池に落ちたりするのか」など日本の偏ったイメージを与えてしまいかねません。この点

図 9.4 『荒野の七人』ポスター（左）と『七人の侍』ポスター（右）

は，文化帝国主義論が想定していない帰結といえます。

　さらには**リメイク**や**剽窃**といった観点は，文化帝国主義論の単純さを暴き出します。日本映画がリメイクされた有名な事例として，ユル・ブリンナー（Yul Brynner）やスティーブ・マックイーン（Steve McQueen）らが出演した映画『荒野の七人』（The Magnificent Seven, **図 9.4 左**）があります。『荒野の七人』は，これまた著名な映画で時代劇である，黒澤明監督の『七人の侍』（Seven Samurai, **図 9.4 右**）を西部劇へと見事に変身させたものなのです。また映画監督ジョージ・ルーカスは，同じ黒澤明監督の映画『隠し砦の三悪人』を参考にして『スター・ウォーズ』の C3PO や R2D2 のキャラクターづくりなどを行いました。国境を越えたポピュラーカルチャーは単純にそのまま受容されるとは限らないのです。

一方で,「剽窃」と呼びたくなる事例もあります。日本のポピュラーカルチャー作品のなかでは,手塚治虫の『ジャングル大帝』がその例としてよく知られています。『ジャングル大帝』も他の作品と同じように海を渡り,1960年代半ば "Kimba the White Lion" となって人気を博しました。ところが90年代になって,ライオンを主人公としたミュージカルおよび映画作品が登場します。いまでも人気の高い作品である『ライオンキング』(Lion King) です。日本でも多くの人が観劇・鑑賞を楽しんでいるこのミュージカル・映画は,キャラクターたちの配置や物語の流れなど,手塚の『ジャングル大帝』にそっくりだと騒ぎになりました。『アトム』や『ジャングル大帝』をアメリカにもたらした放送作家でプロデューサーのフレッド・ラッドは,『ライオンキング』のディズニー映画版を見て「『ライオンキング』のアイデアが手塚の『ジャングル大帝』と無関係だとはとうてい信じがたい」と取材で答えたそうです。この「剽窃問題」が社会問題になりかけたとき,手塚プロダクションが次のような主旨の声明をサンフランシスコ・クロニクル紙に発表しました。「もし,ディズニーがジャングル大帝からヒントを得たのであれば,(亡くなった)手塚治虫は喜ぶだろう。全体としてライオンキングはジャングル大帝とは異なっており,ディズニーのオリジナルな作品だとわれわれは考えている」。その結果,事態は収束していきました。

　以上のことから,文化帝国主義論がポピュラーカルチャーのグローバル化を単純なものとして想定していることがおわかりになったことでしょう。ポピュラーカルチャーはアメリカからだけでなく,日本からも世界各地へと渡っていきました。そして,作品そのままではなく,渡った先である受け入れ社会のローカルな文脈に合わせ

て改変されて，根づいていくものなのです。

ナショナリズムの現れか？

　いま論じた「グローバル化したものがローカルな文脈に基づいて
変化し，根づく」という事象は，国際社会学でグローカル化または
グローカリゼーション（glocalisation）と呼ばれる事態です。グロー
カル化の発見は，それまでのグローバル化研究に一石を投じました。
たとえば文化に関していえば，「中心」の文化が「周辺」へと国境
を越えて移動したとしても，単にそのまま広まっていくわけではな
いのです。「中心」の文化は，「周辺」においてその文脈に応じて変
化したうえで，受容されるのです。この事情は，「周辺」の文化が
「中心」へと移動する場合も同様です。

　しかし，ポピュラーカルチャーが国境を越えて引き起こすのは，
グローバル化やグローカル化だけなのでしょうか。日本のポピュラ
ーカルチャーの経験はそれら以上のことを示唆しています。アニメ
やマンガなど，ポピュラーカルチャーの主要な作品は，単一の世代
だけでなく複数の世代にまたがって受容・消費されていきます。そ
の結果，「私たちは同じものを享受してきた人々だ」といった経験
の共有による**ナショナル・アイデンティティ**の形成が促されるので
す。

　ナショナル・アイデンティティの形成をよく示す例は，『ゴジラ』
と『鉄腕アトム』でしょう。ゴジラは，第二次世界大戦中アメリカ
軍に空襲され逃げ惑い，広島と長崎に原子爆弾を投下され敗戦に追
い込まれたという日本のトラウマを感じさせる作品です。たとえ制
作者にそのような意図がなかったとしても，1950 年代半ばの視聴
者は自らのトラウマと恐怖の記憶に共鳴させながら，ゴジラに夢中

になりました。東京湾から現れ放射能熱線を吐き東京の街を破壊していくゴジラは，戦争で空襲され核攻撃され敗戦した近過去の劣等感を共有した「われわれ」というナショナル・アイデンティティを顕在化し，そして強化したのです。

ところが一方，1952年にマンガとして現れた『鉄腕アトム』が，63年にテレビ番組となって大衆の間に浸透していくと，人々のナショナル・アイデンティティは変化していきました。人々が鉄腕アトムに託したのは，原子力でかなう明るい夢であり，未来に開かれた平和な日本に住む「われわれ」でした。この『ゴジラ』から『鉄腕アトム』への流れが，まさに日本のナショナル・アイデンティティの変化を示しているのです。2011年3月11日の東日本大震災における福島第一原子力発電所事故にあえて触れるならば，原子力を容認する日本的心性が，この時期に無自覚のうちにつくられたのでした。すなわち，この2つの異なるキャラクターを受容する過程と，原子力発電を受容する過程が重なっていったのです。

さらに，『ゴジラ』や『鉄腕アトム』をはじめとした数々の作品が国境を渡り評価されたことが，ナショナル・アイデンティティの形成・強化に大きく貢献しました。ジャパニーズ・ポピュラーカルチャーが海外で高い評価を得るたびに，「あの質の高い文化をつくり出したのは『われわれ』なのだ」という意識が「日本人」に植えつけられていきました。また逆に海外からも，「あの質の高い文化をつくり出したのは『あの人々』なのだ」と「日本人」のアイデンティティが規定されていきました。

ここまで考えると，日本のポピュラーカルチャーがもたらした影響のなかで，グローバル化やグローカル化は副次的な結果にすぎなかったのかもしれないとも思えてきます。むしろ，最も主要な影響

はナショナリズムの醸成，すなわち日本のナショナル・アイデンティティの創出ではなかったのか，と。

文化のグローバル化の展望

　これまで私たちは，文化帝国主義という説を導き手にして文化のグローバル化を考察してきました。日本のポピュラーカルチャーは，グローバル化した世界でさまざまな文化をつくり出すための想像力の源泉となっています。そして単にグローバル化という現象だけではなく，ローカルな文脈に応じて変化するグローカル化を引き起こし，さらに日本のナショナル・アイデンティティの形成といったナショナル化といえる影響をも生み出しました。

　このように，アメリカによる文化帝国主義という議論は，単純すぎる主張であるといえるでしょう。そこから今後の展望として，アメリカや日本だけでなくアジア，ヨーロッパ，中東，アフリカなどその他のさまざまな国々を文化供給元とするような文化の多元的構造が，グローバル化の動きのなかで世界に広がっていくのではないかという期待を持つことができることでしょう。

おわりに

▷ **国際社会学から見たグローバル化**

2019年末に中国・武漢で現れ，世界中に広まった新型コロナウイルス（COVID-19）は，世界がいかにグローバル化しているか，われわれの生活がいかにグローバル化に根ざしているか，そしてグローバル化にどのような「闇」の部分があるかを如実に示しました。

世界に広まった感染症としては，たとえば2002年からは重症急性呼吸器症候群（SARS），2012年からは中東呼吸器症候群（MARS）がありましたが，新型コロナウイルスの拡散は格段に広範囲で，かつきわめて素早いものでした。ましてや1918年から広まったスペイン風邪とは比べものにならないほどの拡散範囲とスピードでした。その理由は，2020年前後の国境を越える人の移動が，2012年時点よりも，ましてや1918年時点よりも活発になっているからでしょう。

そして新型コロナウイルスは多数の患者と死者を出し，経済活動など人々の社会生活を停滞させました。その停滞の理由の1つは，各国が国境を越える「旅」を厳しく制限したことによります。入国を禁止または制限する国を定め，ビザの発給や効力を停止したり，入国者に2週間ほど待機命令を下し，自国内における行動制限を課しました。人類は，その誕生以来はじめて遭遇するウイルスゆえ新型コロナウイルスに対する抗体をもっておらず，当初はワクチン

もありませんでした。そのため人々の「出会い」を減らす「社会的距離化」（social distancing）がほとんど唯一の対処策となりました。国内における「不要不急の外出の自粛」や「三密の回避」，街の「ロックダウン」だけでなく，国境を越える人の移動を制限することは，社会的距離を保つために必須で仕方のない施策だったのです。

　近年，新型コロナウイルスと同じように世界がグローバル化していることを如実に示したのは，ロシアによるウクライナ侵攻です。2022年2月24日にロシアが侵攻を開始し，アメリカ，ヨーロッパ連合（EU），日本などはウクライナに軍事援助などさまざまな援助を行い始めました。国際連合（UN）など国際機関は，ロシアに対する非難声明を発表しました。さらに，いくつかの国はロシアに対して経済制裁を科していきました。そして，多数の避難民を受け入れました。二国間の「戦争」は，二国間だけにとどまらず，第三国をも巻き込んだグローバルな影響を引き起こしてしまったのです。それに加えて，ロシアが天然ガスの供給を止めたために，ヨーロッパ諸国などでエネルギーコストがかさみ，人々の生活が厳しくなりました。ウクライナからの穀物の輸出が妨げられたため，アフリカ諸国などでは食糧難に苦しむ人々が多数出てしまいました。

　このように，経済に限らず，われわれの社会生活全般がグローバル化に依存し制約されています。国内の移動だけではなく国境を越えた移動が減少すると，われわれの社会生活は著しく停滞してしまうのです。すでに論じたように，グローバル化は「光」の部分とともに，このような「闇」の部分も合わせ持っています。新型コロナウイルスに即していえば，国境を越える「旅」が急増し国境を越える「出会い」が頻繁になっていたことから，ウイルスの感染が大きく急速に広まっていきました。ロシアのウクライナ侵攻に関してい

えば，すでに世界がグローバル化に依存するようになっているため，二国間の「領土問題」が，世界中の安全保障問題となって各国の介入を引き起こし，またエネルギー，食料，避難民などに関する大きな悪影響を生み出したのです。われわれは「光」の部分を享受しつつ，いかにして「闇」の部分を制御すればよいのでしょうか。この問いに挑戦している学問分野が，国際社会学なのです。

本書では，基礎編として「旅」「出会い」「食と文化」というトピックを立て，われわれとグローバル化との関わりを解き明かしました。続いて現代編では，現代において生じている具体的な問題である「難民危機」「移民受け入れ」「重国籍」を検討しました。そして最後のパートである未来編では，将来のグローバル化を考えるヒントを得るために，「恋」「領土問題」「ポピュラーカルチャー」の観点からグローバル化をみてきました。

次なる課題はより明るい未来の実現に向けて，より深く学び解決策を探ることです。はたして，本書は新型コロナウイルスやロシアのウクライナ侵攻をはじめとした新たなグローバル化の問題に対処する知恵を，読者のみなさんに授けることができたでしょうか。少しでも貢献できていることを強く期待しつつ，本書を閉じることにしましょう。

▷ 各章の初出

初学者に国際社会学のおもしろさや楽しさを伝えたい。この思いをかなえるため，まずは北海道大学や早稲田大学での講義，国内学会や国際学会，一般向けの公開講座で話をしてから，いくつかの章を論文や本の1章などのかたちで公刊しました。各章の初出は以下のようになっています。ただし，既発表の章も初出を大幅に書き

換えたものとなっています。

はじめに　書き下ろし

第1章　樽本英樹，2015，「国境を越える旅の社会学」細田典明編『北大文学研究科ライブラリ9　旅と交流──旅からみる世界と歴史』北海道大学出版会: 235–53.

第2章　書き下ろし

第3章　樽本英樹，2015，「フランスに見る食と文化の国際社会学」細田典明編『北大文学研究科ライブラリ10　食と文化──時空をこえた食卓から』北海道大学出版会: 219–47.

第4章　樽本英樹，2022，「『ヨーロッパ難民危機』はなぜ危機だったのか──社会的境界研究の視角から」『社会学年誌』（早稲田社会学会）63: 131–45.

第5章　書き下ろし

第6章　書き下ろし

第7章　樽本英樹，2018，「恋は国境を超えられるか？──国際社会学からのアプローチ」鈴木幸人編『恋する人間──人文学からのアプローチ』北海道大学出版会: 183–212.

第8章　樽本英樹，2014，「領土と市民権──国境変容へのひとつのアプローチ」『境界研究』特別号: 29–39.

第9章　書き下ろし

おわりに　書き下ろし

はたして，構想から出版まで10年以上を要した本書は読者のみなさんを国際社会学のファンにすることに成功したでしょうか．少しでも成功しているとしたら，その功績の半分，いやその大部分は

私の原稿を見て出版を快諾され，編集の労をとってくださった四竈佑介さん，そして猪石有希さん（以上，有斐閣書籍編集第二部）のおかげです。四竈さんはお互いの共通の趣味であるジャズの話を交えるなどリラックスした雰囲気を醸し出しながら，猪石さんはそのジャズのおしゃべりに絶妙な相鎚を打ちながら，原稿改善のための適切なアドヴァイスを多数くださりました。ここに感謝申し上げます。

　平日は通常の研究や授業があるため，執筆の多くは週末や休日に行わざるをえませんでした。とくにコロナ禍のなか，休日のお昼ごはんには，常に本書の原稿のことを考えながら，家族のために味噌ラーメンややきそばを作っていました。そんなおざなりなお昼ご飯を喜んで食べてくれた子どもたちが，本書を手に取ってくれる日が来ることを楽しみにつつ，そろそろ筆を置くことにしましょう。

2023 年 8 月
研究室から東京スカイツリーを眺めながら

樽本　英樹

参 照 文 献

▷ 第1章

Castles, Stephen, and Mark J. Miller, 2009, *The Age of Migration: International Population Movements in the Modern World*（4th ed.）, Basingstoke: Palgrave Macmillan.（関根政美・関根薫監訳, 2011, 『国際移民の時代』[第4版] 名古屋大学出版会.）

陳天璽・大西広之・小森宏美・佐々木てる編, 2016, 『パスポート学』北海道大学出版会.

OECD, 1995, *Trends in International Migration 1994: Continuous Reporting System on Migration*, Paris: OECD Publishing.

OECD, 1997, *Trends in International Migration 1996: Continuous Reporting System on Migration*, Paris: OECD Publishing.

OECD, 2001, *Trends in International Migration 2001: Continuous Reporting System on Migration*, Paris: OECD Publishing.

OECD, 2011, *International Migration Outlook 2011*, Paris: OECD Publishing.

OECD, 2022, *International Migration Outlook 2022*, Paris: OECD Publishing.

Parsons, Talcott, 1951, *The Social System*, New York: Free Press.（佐藤勉訳, 1974, 『社会体系論』青木書店.）

関根政美, 2000, 『多文化主義社会の到来』朝日新聞出版.

樽本英樹, 2012, 『国際移民と市民権ガバナンス——日英比較の国際社会学』ミネルヴァ書房.

樽本英樹, 2016, 『よくわかる国際社会学 [第2版]』ミネルヴァ書房.

Torpey, John C., 2000, *The Invention of the Passport: Surveillance, Citizenship and the State*, Cambridge; New York: Cambridge University Press.（藤川隆男訳, 2008, 『パスポートの発明——監視・シティズンシップ・国家』法政大学出版局.）

▷ 第2章

伊達聖伸, 2018, 『ライシテから読む現代フランス——政治と宗教のいま』岩波書店.

Engeles, Friedrich [1888] 1952, *Ludwig Feuerbach und der Ausgang der klassischen deutschen Philosophie*, Berlin: Dietz.（松村一人訳, 1960, 『フォイエルバッハ論』岩波書店.）

Goffman, Erving [1961] 1972, *Encounters: Two Studies in the Sociology of Interaction*, London: Allen Lane.（佐藤毅・折橋徹彦訳, 1985, 『出会い——相互行為の社会学』誠信書房.）

Merleau-Ponty, Maurice, 1942, *La structure du comportement*, Paris: PUF.（滝浦静雄・木田元訳, 1985, 『行動の構造』みすず書房.）

Merleau-Ponty, Maurice, 1945, *Phénoménologie de la perception*, Paris: *Gallimard*.（竹内芳郎・小木貞孝訳, 1967/1974, 『知覚の現象学 1-2』みすず書房.）

見田宗介, 1996, 『現代社会の理論——情報化・消費化社会の現在と未来』岩波書店.

見田宗介, 2006, 『社会学入門——人間と社会の未来』岩波書店.

西原和久・樽本英樹編, 2016, 『現代人の国際社会学・入門——トランスナショナリ

　ズムという視点』有斐閣.

OECD, 2021, *International Migration Outlook 2021*, Paris: OECD Publishing.

OECD, 2022, *International Migration Outlook 2022*, Paris: OECD Publishing.

大澤真幸, 1994, 『意味と他者性』勁草書房.

関根政美, 2000, 『多文化主義社会の到来』朝日新聞社.

▷ 第3章

浅野素女, 2000, 『パリ二十区の素顔』集英社.

Birnbaum, Pierre, 2013, *La République et le cochon*, Paris: Seuil. (村上祐二訳, 2020, 『共和国と豚』吉田書店.)

Hargreaves, Alec G. [1995] 2007, *Multi-ethnic France: Immigration, Politics, Culture and Society* (2nd ed.), New York and Abington: Routledge.

本間圭一, 2001, 『パリの移民・外国人——欧州統合時代の共生社会』高文研.

清岡智比古, 2012, 『エキゾチック・パリ案内』平凡社.

森千香子, 2016, 『排除と抵抗の郊外——フランス〈移民〉集住地域の形成と変容』東京大学出版会.

▷ 第4章

AFPBB News, 2015, 「メルケル首相との対話で泣き出したパレスチナ少女に滞在許可, 独」, 2015年7月18日, (2023年6月9日取得, https://www.afpbb.com/articles/-/3054874).

青山弘之, 2017, 『シリア情勢——終わらない人道危機』岩波書店.

BBC News, 2015, "Migrant Crisis: EU Ministers Approve Disputed Quota Plan," September 22, 2015, (Retrieved September 18, 2021, https://www.bbc.com/news/world-europe-34329825).

BBC News, 2016a, "Germany Shocked by Cologne New Year Gang Assaults on Women," January 5, 2016, (Retrieved August 13, 2021, https://www.bbc.com/news/world-europe-35231046).

BBC News, 2016b "Migrant Crisis: NATO Deploys Aegean People-smuggling Patrols," February 11, 2016, (Retrieved August 13, 2021, https://www.bbc.com/news/world-europe-35549478).

BBC News, 2017, "German Election: Merkel Wins Fourth Term, AfD Nationalists Rise," September 25, 2017, (Retrieved July 7, 2023, https://www.bbc.com/news/world-europe-41376577).

Bell, Bethany, and Nick Thorpe, 2016, "Austria's Migrant Disaster: Why Did 71 Die?", BBC News, August 25, 2016, (Retrieved September 11, 2021, https://www.bbc.com/news/world-europe-37163217).

Bender, Ruth, 2015, "Orban Accuses Germany of 'Moral Imperialism' on Migrants," *Wall Street Journal*, September 23, 2015, (Retrieved August 14, 2021, https://www.wsj.com/articles/orban-accuses-germany-of-moral-imperialism-on-migrants-1443023857).

Cohen, Stanley, [1973] 2011, *Folk Devils and Moral Panics: The Creation of the Mods and Rockers* (3rd ed.), London and New York: Routledge.

Daily Telegraph, 2015, "Czech PM Blames Germany for Refugees," December 23,

2015, (Retrieved August 15, 2021, https://www.dailytelegraph.com.au/news/breaking-news/czech-pm-blames-germany-for-refugees/news-story/3e0927c8330b01ecf349eb079067ec31).

Deutsche Wellw (DW), 2016, "Success for Right-wing AfD, Losses for Merkel's CDU," March 13, 2016, (Retrieved July 7, 2023, https://www.dw.com/en/german-state-elections-success-for-right-wing-afd-losses-for-merkels-cdu/a-19113604).

遠藤乾, 2015, 「経済教室　試練続く欧州（上）──統合と分断が同時進行」『日本経済新聞』2015 年 10 月 7 日朝刊.

遠藤乾, 2016, 『欧州複合危機──苦悶する EU, 揺れる世界』中央公論新社.

EU MAG, 2016a, 「EU・トルコの難民対策合意──その背景と進捗状況」（2020 年 1 月 27 日取得, http://eumag.jp/behind/d0716/）.

EU MAG, 2016b, 「EU の欧州国境沿岸警備隊とは？」（2023 年 6 月 9 日取得, https://eumag.jp/questions/f0216/）.

EU MAG, 2016c, 「欧州国境沿岸警備機関発足──10 月 6 日」（2023 年 6 月 9 日取得, https://eumag.jp/news/h100616/）.

Eurostat, 2016, "Asylum and New Asylum Applicants - Monthly Data" (Retrieved May 1, 2017, http://ec.europa.eu/eurostat/web/products-datasets/-/tps00189).

Eurostat, 2021, "Asylum Applicants by Type of Applicant, Citizenship, Age and Sex - Annual Aggregated Data (Rounded)," June 29, 2021, (Retrieved September 11, 2021, https://ec.europa.eu/eurostat/databrowser/view/migrasyappctza/default/table?lang=en).

Faiola, Anthony, 2016, "Could Europe's Refugee Crisis be the Undoing of Angela Merkel?," *Washington Post*, February 4, 2016, (Retrieved August 18, 2021, https://www.washingtonpost.com/world/europe/could-europesrefugee-crisis-be-the-undoing-of-angela-merkel/2016/02/03/182cc0d2-c9bd-11e5-b9ab-26591104bb19story.html).

Financial Times, 2015, Schäuble Warns of Refugee 'Avalanche' in Dig at Merkel, November 12, 2015, (Retrieved July 7, 2023, https://www.ft.com/content/379d4afe-8930-11e5-9f8c-a8d619fa707c).

Fleischner, Nicki, 2015, "6 Ways Smartphones Are Shaping the European Migrant Crisis," *Global Citizen*, September 8, 2015, (Retrieved September 14, 2021, https://www.globalcitizen.org/en/content/6-ways-smartphones-are-shaping-the-european-migran/）.

FRONTEX, (n.d.), "Migratory Routes," (Retrieved July 17, 2023, https://frontex.europa.eu/what-we-do/monitoring-and-risk-analysis/migratory-routes/western-balkan-route/).

墓田桂, 2016, 『難民問題──イスラム圏の動揺, EU の苦悩, 日本の課題』中央公論新社.

白地図専門店, (n.d.), （2021 年 9 月 11 日取得, https://www.freemap.jp/itemFreeDlPage.php?b=europe&s=europe#googlevignette）.

堀井里子, 2017, 「『国境のないヨーロッパ』という幻想──EU 共通移民政策の展開」小井土彰宏編『移民受入の国際社会学──選別メカニズムの比較分析』名古屋大学出版会, 96-118.

池内恵, 2016, 『【中東大混迷を解く】サイクス＝ピコ協定 百年の呪縛』新潮社.

国末憲人, 2019, 『テロリストの誕生——イスラム過激派テロの虚像と実像』草思社.

Leman, Johan, and Stef Janssens, 2018, "Human Smuggling on Europe's Eastern Balkan and Eastern Borders Routes," *Migracijske I Etničke Teme / Migration and Ethnic Themes*, 34 (1): 71–94.

Missing Migrants, (n.d.), (Retrieved May 1, 2017, http://missingmigrants.iom.int/mediterranean).

望月葵, 2019, 「現代シリアの権威主義体制の変容とその限界——なにがシリア難民問題をもたらしたのか」『イスラーム世界研究』12: 189–200.

Naylor, Hugh, 2014, "Desperate for Soldiers, Assad's Government Imposes Harsh Recruitment Measures," *Washington Post*, December 28, 2014, (Retrieved September 14, 2021, https://www.washingtonpost.com/world/middleeast/desperate-for-soldiers-assads-government-imposes-harsh-recruitment-measures/2014/12/28/62f99194-6d1d-4bd6-a862-b3ab46c6b33bstory.html).

Reuters, 2015, Hundreds Drown Off Libya, EU Leaders Forced to Reconsider Migrant Crisis, April 19, 2015, (Retrieved August 13, 2021, https://www.reuters.com/article/us-europe-migrants-idUSKBN0NA07020150419).

Reuters, 2015, 「難民受け入れ義務で仏独が合意, 幼児溺死写真の反響広がる」2015 年 9 月 4 日, (2021 年 8 月 13 日取得, https://jp.reuters.com/article/refugee-idJPKCN0R401F20150904).

Sinai, Agnès, 2015, "Aux origines climatiques des conflits, Le Monde diplomatique," (http://www.mondediplomatique.fr/2015/08/SINAI/53507), (坪井善明訳, 2015, 「気候変動が紛争を増大させる」『世界』2015 年 11 月号: 154–8.).

▷ 第 5 章

中日新聞, 2017, 『考える広場 この国のかたち 3 人の論者に聞く』2017 年 2 月 11 日, (2019 年 10 月 25 日取得, https://www.chunichi.co.jp/article/feature/hiroba/list/CK2017021102000006.html).

Global Note, n.d., (Retrieved August 19, 2017, https://www.globalnote.jp/post-1697.html).

法務省出入国在留管理庁, 2022, 「令和 3 年末現在における在留外国人数について」, (2022 年 9 月 14 日取得, https://www.moj.go.jp/isa/publications/press/13_00001.html).

法務省出入国在留管理庁, 2023, 「令和 4 年末現在における在留外国人数について」, (2023 年 7 月 8 日取得, https://www.moj.go.jp/isa/publications/press/13_00033.html).

上林千恵子, 2017, 「日本 I 高度外国人材受入政策の限界と可能性——日本型雇用システムと企業の役割期待」小井土彰宏編『移民受入の国際社会学——選別メカニズムの比較分析』名古屋大学出版会, 279–309.

国立社会保障・人口問題研究所, 2017, 『日本の将来推計人口 (平成 29 年推計)』, (2019 年 10 月 25 日取得, http://www.ipss.go.jp/pp-zenkoku/j/zenkoku2017/pp29¥_gaiyou.pdf).

厚生労働省, 2018, 『『外国人雇用状況』の届出状況まとめ (平成 29 年 10 月末現在)」, (2023 年 6 月 9 日取得, https://www.mhlw.go.jp/stf/houdou/0000192073.html).

厚生労働省, 2022, 「『外国人雇用状況』の届出状況まとめ（令和3年10月末現在）」, （2023年6月9日取得, https://www.mhlw.go.jp/stf/newpage_23495.html）.

厚生労働省, 2023, 「『外国人雇用状況』の届出状況まとめ（令和4年10月末現在）」, （2023年2月20日取得, https://www.mhlw.go.jp/stf/newpage_30367.html）.

OECD, 2019, "International Migration Outlook 2019," （Retrieved October 25, 2019, https://www.oecd.org/ migration/international-migration-outlook-1999124x. htm）.

総務省統計局, 2023, 「人口推計——2023年（令和5年）6月報」,（2023年7月8日取得, https://www.stat.go.jp/data/jinsui/pdf/202306.pdf）.

United Nations, Department of Economic and Social Affairs, Population Division, 2001, "Replacement Migration: Is It a Solution to Declining and Ageing Populations?," （Retrieved October 25, 2019, https://www.un.org/en/development/desa/population/publications/ageing/replacement-migration.asp）.

United Nations Office on Drugs and Crime（UNODC）, n.d., "Statistics and Data," （Retrieved August 19, 2017, https://dataunodc.un.org/GSH¥_app）.

World Bank, 2020, "World Development Indicators," （Retrieved June 9, 2023, https://data.worldbank.org/indicator/SM.POP.TOTL）.

▷ 第6章

Hammar, Tomas, 1990, *Democracy and the Nation State: Aliens, Denizens and Citizens in a World International Migration*, Aldershot: Avebury.（近藤敦監訳, 1999, 『永住市民と国民国家——定住外国人の政治参加』明石書店.）

法務省民事局, n.d., 「国籍別帰化許可者数」,（2023年7月14日取得, https://www.moj.go.jp/content/001392230.pdf）.

川北稔, 1990, 『民衆の大英帝国——近世イギリス社会とアメリカ移民』岩波書店.

国籍問題研究会編, 2019, 『二重国籍と日本』筑摩書房.

近藤敦, 2012, 「複数国籍の容認傾向——国籍・パスポート・IDカード」陳天璽・近藤敦・小森宏美・佐々木てる編『越境とアイデンティフィケーション』新曜社, 91–115.

近藤敦, 2017, 「複数国籍の現状と課題」『法学セミナー』62（3）: 1–4.

権香淑, 2003, 「海外法律情報　フィリピン　二重市民権法案をめぐる動き」『ジュリスト』1250: 143.

Maastricht Centre for Citizenship, Migration and Development（MACIMIDE）, 2023, Global Dual Citizenship Database,（Retrieved July 9, 2023, https://macimide.maastrichtuniversity.nl/dual-cit-database/）.

Ohno, Shun, 2008, "Transnational Citizenship and Deterritorialized Identity: The Meanings of Nikkei Diasporas' Shuttling between the Philippines and Japan," *Asian Studies*, 44（1）: 1–22.

奥田安弘・館田晶子, 2000, 「1997年のヨーロッパ国籍条約」『北大法学論集』50（5）: 93–131,（2020年2月28日取得, https://eprints.lib.hokudai.ac.jp/dspace/bitstream/2115/14986/1/50（5）_p93-131.pdf）.

Philippine Consulate General, n.d. "Citizenship Retention and Reacquisition Act of 2003（RA 9225）," （Retrieved November 5, 2019, https://jeddahpcg.dfa.gov.ph/citizenship-retention-and-reacquisition-of-2003-ra-9225）.

佐々木てる編, 2022, 『複数国籍——日本の社会・制度的課題と世界の動向』明石書店.

武田里子, 2019, 「複数国籍の是非をめぐる国民的議論に向けた試論」『移民政策研究』(11): 31-46.

樽本英樹, 2012, 『国際移民と市民権ガバナンス——日英比較の国際社会学』ミネルヴァ書房.

United Nations, 2013, *International Migration Policies: Government Views and Priorities*, 70-1, (Retrieved March 16, 2020, https://www.un.org/en/development/desa/population/publications/pdf/policy/InternationalMigrationPolicies2013/Report%20PDFs/z_International%20Migration%20Policies%20Full%20Report.pdf).

Vink, Maarten, Arjan H. Schakel, David Reichely, Ngo Chun Luk and Gerard-René de Groot, 2019, "The International Diffusion of Expatriate Dual Citizenship," *Migration Studies*, 7 (3): 362-83.

Vink, Maarten, Gerard-Rene De Groot and Ngo Chun Luk, 2015, "MACIMIDE Global Expatriate Dual Citizenship Dataset", (Retrieved June 9, 2023, https://doi.org/10.7910/DVN/TTMZ08).

柳井健一, 2004, 『イギリス近代国籍法史研究——憲法学・国民国家・帝国』日本評論社.

▭▷ 第 7 章

BBC News, 2014, "EU Questions Malta on Passport Sale for Rich Foreigners", January 23, 2014, (Retrieved February 10, 2020, https://www.bbc.com/news/world-europe-25858025).

BBC News, 2014, "Malta Tightens Passport Sale Terms under EU Pressure," January 30, 2014, (Retrieved February 10, 2020, https://www.bbc.com/news/world-europe-25959458).

BBC News 2014, "Where Is the Cheapest Place to Buy Citizenship?," June 4, 2014, (Retrieved February 10, 2020, https://www.bbc.com/news/business-27674135).

BBC News, 2017, "What Price Would You Put on a Passport?," August 23, 2017, (Retrieved February 6, 2020, https://www.bbc.com/news/business-41013873).

BBC News, 2019, "EU Urges Crackdown on 'Golden Passports' for Big Investors," January 23, 2019, (Retrieved February 10, 2020, https://www.bbc.com/news/world-europe-46973590).

Henley & Partners, 2018, *Global Residence and Citizenship Programs 2018-2019*: The Difinitive Comparison of the Leading Investment Migration Programs, Zurich: Ideos Publication Ltd, (Retrieved January 29, 2020, https://issuu.com/ideos_publications/docs/grcp_2018_high_res).

法務省出入国在留管理庁, 2023, 「令和 4 年末現在における在留外国人数について」, (2023 年 7 月 16 日取得, https://www.moj.go.jp/isa/publications/press/13_00033.html).

Hwang, Maria C., and Rhacel S. Parrenas, 2017, "Intimate Migrations: The Case of Marriage Migrants and Sex Workers in Asia," Gracia Liu-Farrer and Brenda S.A. Yeoh eds., *Routledge Handbook of Asian Migrations*, London and New York:

Routledge, 64–74.

厚生労働省, 2023, 「人口動態調査人口動態統計　確定値　婚姻」, (2023年7月15日取得, https://www.e-stat.go.jp/dbview?sid=0003411850).

国立社会保障・人口問題研究所, 2023, 「人口統計資料集」, (2023年7月16日取得, https://www.ipss.go.jp/syoushika/tohkei/Popular/P_Detail2023.asp?fname=T04-02.htm).

下地ローレンス吉孝, 2018, 『「混血」と「日本人」――ハーフ・ダブル・ミックスの社会史』青土社.

山田昌弘, 1994, 『近代家族のゆくえ――家族と愛情のパラドックス』新曜社.

山田昌弘, 1989, 「『恋愛社会学』序説――恋愛の社会学的分析の可能性」『年報社会学論集』2: 95–106.

▷ 第8章

Banting, Keith and Will Kymlicka eds., 2006, *Multiculturalism and the Welfare State: Recognition and Redistribution in Contemporary Democracies*, Oxford and New York: Oxford University Press.

駐大阪大韓民國総領事館, 2015, 「旅券業務案内　外国国籍不履行誓約とは？」, (2022年9月16日取得, http://overseas.mofa.go.kr/jp-osaka-ja/brd/m_832/view.do?seq=717973).

Hammar, Tomas, 1990, *Democracy and the Nation State: Aliens, Denizens and Citizens in a World International Migration*, Aldershot: Avebury. (近藤敦監訳, 1999, 『永住市民と国民国家――定住外国人の政治参加』明石書店.)

岩下明裕, 2016, 『入門 国境学――領土, 主権, イデオロギー』中央公論新社.

Joppke, Christian, 2010, *Citizenship and Immigration*, Cambridge and Malden: Polity. (遠藤乾・佐藤崇子・井口保宏・宮井健志訳, 2013, 『軽いシティズンシップ――市民, 外国人, リベラリズムのゆくえ』岩波書店.)

クラズナー・スティーブン・D., 2001, 「グローバリゼーション論批判――主権国家概念の再検討」(河野勝訳) 渡辺昭夫・土山實男編『グローバル・ガヴァナンス――政府なき秩序の模索』東京大学出版会, 45–68.

Kymlicka, Will, 1995, *Multicultural Citizenship: A Liberal Theory of Minority Rights*, Oxford: Oxford University Press. (角田猛之・石山文彦・山﨑康仕監訳, 1998, 『多文化時代の市民権――マイノリティの権利と自由主義』晃洋書房.)

佐藤成基, 2008, 『ナショナル・アイデンティティと領土――戦後ドイツの東方国境をめぐる論争』新曜社.

Soysal, Yasemin Nuhoǧlu, 1994, *Limits of Citizenship: Migrants and Postnational Membership in Europe*, Chicago: University of Chicago Press.

Tarumoto, Hideki, 2004, "Multiculturalism in Japan: Citizenship Policy for Immigrants," John Rex and Gurharpal Singh eds., *Governance in Multicultural Societies*, London and New York: Routlede, 214–26.

Tarumoto, Hideki, 2005, "Un nouveu modèle de politique d'immigration et de citoyennete'?: Approche comparativè a partir de l'expérience japonaise," *Migrations Sociètè*, 17 (102): 305–30, (Traduit de l'anglais par Catherine Wihtol de Wenden).

Tarumoto, Hideki, 2008, "Citizenship Models in the Age of International Migration,"

Koichi Hasegawa and Naoki Yoshihara eds., *Globalization, Minorities and Civil Society: Perspectives from Asian and Western Cities*, Melbourne: Trans Pacific Press, 21–40.

樽本英樹, 2012, 『国際移民と市民権ガバナンス──日英比較の国際社会学』ミネルヴァ書房.

Tarumoto, Hideki, 2012, "Managing Borders and Migrants through Citizenship: A Japanese Case," *Eurasia Border Review*, 3 (2): 41-54, (http://www.borderstudies.jp/en/publications/review/data/ebr32/tarumoto.pdf).

樽本英樹, 2012, 「魚眼図──領土は誰のもの？」『北海道新聞』2012年9月11日.

Weil, Patrick, 2001, "Access to Citizenship: A Comparison of Twenty-Five Nationality Laws," Alexander Aleinikoff and Douglas Klusmeyer eds., *Citizenship Today*: Global Perspectives and Practicies, Washington D.C.: Carnegie Endowment for International Peace, 17–35.

▷ 第9章

Allison, Anne, 2006, *Millennial Monsters: Japanese Toys and the Global Imagination*, Berkeley: University of California Press. (実川元子訳, 2010, 『菊とポケモン──グローバル化する日本の文化力』新潮社.

池田淑子編, 2019, 『アメリカ人の見たゴジラ，日本人の見たゴジラ──Nuclear Monsters Transcending Borders』大阪大学出版会.

猪俣賢司, 2012, 「発光する背びれと戦後日本──核兵器とゴジラ映画史」『人文科学研究』(新潟大学人文学部) 130: 1-29.

犬塚康博, 2016, 「ゴジラ起源考」『千葉大学人文社会科学研究』(千葉大学大学院人文社会科学研究科) 33: 44-60.

Issenberg, Sasha, 2008 [2007], *The Sushi Economy: Globalization and the Making of a Modern Delicacy*, New York: Avery. (小川敏子訳, 2008, 『スシエコノミー』日本経済新聞出版社.)

川崎賢一, 2002, 「情報のグローバル化と国民文化・サブカルチャー」小倉充夫・梶田孝道編『国際社会5 グローバル化と社会変動』東京大学出版会, 63-85.

Ladd, Fred and Harvey Deneroff, 2009, *Astro Boy and Anime Come to the Americas: An Insider's View of the Birth of a Pop Culture Phenomenon*, Jefferson, North Carolina: McFarland & Co. (久美薫訳, 2010, 『アニメが「ANIME」になるまで──鉄腕アトム，アメリカを行く』NTT出版.)

まめもやし, 2022, 「【日本人受賞】世界三大映画祭で受賞した日本映画をご紹介！」, (2023年6月9日取得, https://movie-architecture.com/worldfilmfestival-japan).

NHK NEWS WEB, 2023, 「濱口竜介監督作品が『審査員大賞』ベネチア国際映画祭」, (2023年9月21日取得, https://www3.nhk.or.jp/news/html/20230910/k10014190801000.html).

Sharp, Jasper, 2011, *Historical Dictionary of Japanese Cinema*, Lanham, Md: Scarecrow Press.

高橋敏夫, 1998, 『ゴジラの謎──怪獣神話と日本人』講談社.

Tsutsui, William M., 2004, *Godzilla on my mind: Fifty years of the king of monsters*, New York: Palgrave Macmillan. (神山京子訳, 2005, 『ゴジラとアメリカの半世紀』中央公論新社.)

Tsutsui, William M., 2010, *Japanese Popular Culture and Globalization*, Ann Arbor: Association for Asian Studies.

Vogel, Ezra, 1979, *Japan as Number One: Lessons for America*, Boston: Harvard University Press. (広中和歌子・木本彰子訳, 1979, 『ジャパンアズナンバーワン——アメリカへの教訓』ティビーエス・ブリタニカ.)

WEB クリエイト, n.d., 「日本人のベルリン国際映画賞（金熊賞, 銀熊賞)」, (2023年6月9日取得, https://royal-affair.net/main.html).

吉見俊哉, 2012, 『夢の原子力——Atoms for Dream』筑摩書房.

索　引

262

【y-knot】
国際社会学・超入門
移民問題から考える社会学
Introduction to Transnational Sociology: Perspectives on Immigration Issues

2023 年 10 月 30 日 初版第 1 刷発行

著　者　樽本英樹
発行者　江草貞治
発行所　株式会社有斐閣
　　　　〒101-0051 東京都千代田区神田神保町 2-17
　　　　https://www.yuhikaku.co.jp/
装　丁　高野美緒子
印　刷　株式会社理想社
製　本　牧製本印刷株式会社
装丁印刷　株式会社亨有堂印刷所